얼떨결에 명상

얼떨결에 명상

초판 1쇄 발행 2021년 6월 14일

지은이 이수
펴낸이 장길수
펴낸곳 지식과감성#
출판등록 제2012-000081호

교정 백승은
디자인 정윤솔
편집 정윤솔
검수 김혜련, 최지희
마케팅 고은빛, 정연우

주소 서울시 금천구 벚꽃로298 대륭포스트타워6차 1212호
전화 070-4651-3730~4
팩스 070-4325-7006
이메일 ksbookup@naver.com
홈페이지 www.knsbookup.com

ISBN 979-11-6552-891-1(03810)
값 14,000원

- 이 책의 판권은 지은이와 지식과감성#에 있습니다.
- 이 책 내용의 전부 또는 일부를 재사용하려면 반드시 양측의 서면 동의를 받아야 합니다.
- 잘못된 책은 구입하신 곳에서 바꾸어 드립니다.

지식과감성#
홈페이지 바로가기

얼떨결에 명상

소설가 이수의 자전적 명상 에세이

이수 지음

목차

I. 내 마음을 만나다

마음이 젊지 않았던 시절 8
질풍노도의 시절부터 줄곧 14
우연이거나 필연이거나 22
깨어 있는 휴머니스트 공동체 36
삶에 눈을 뜨는 시기 42
근기도 업그레이드된다고 47
불멸의 사랑을 꿈꾸던 시절이 55
아픈 사랑 63
참된 사랑에 대하여 69
쓸쓸하고도 아름다운 인생 78
사랑이 떠나가면 85
소설 같은 인생들 89
모두가 스승이라 97
스승과 제자는 연인 같으니 104

II. 마음을 경영하다

변덕스런 마음이 죽 끓듯 할 때 114
뒤죽박죽 의식 세계 119
마음의 깊이도 천차만별이니 124
눈에 보이는 것이 전부가 아니다 137
마음 먼저 다스리고 몸을 다스려야 153
나를 신나게 하는 마음경영 161

III. 명상, 빛나는 고요

흐름의 명상 172
나를 사랑하는 시간, 명상 177
나를 찾아가는 명상 183
본성이 움터 나오는 진화된 명상 190
마음도 물질도 풍요로운 삶 198
죽음조차 초월하고 싶은 203

에필로그 207
SIM마음경영연구소 프로그램 안내 210

I

내 마음을 만나다

마음이
젊지 않았던 시절

 40대 초반에 나는 두 가지 색깔의 세계를 오가며 살고 있었다. 그것은 마치 소설 《데미안》에 나오는 주인공 싱클레어 같은 모습이었다. 두 가지 색깔 중에 하나는 클래식 음악과 철학이 버무려진 모임이었고, 또 하나는 술과 잡기가 일상이던 모임이었다.

 나는 어떤 날에는 서예하는 친구나 S대 출신의 성악가와 함께 클래식 음악 감상을 했고, 어느 날은 술 좋아하는 친구들과 놀았다.

 밝은 세계와 어두운 세계— 예술과 철학이 있는 세계와 술과 잡담이 오가는 세계에서, 나는 비교적 두 세계에 잘 어울리며 살고 있었다. 그런데 막상 집에 돌아오면 뭔지 모를 헛헛함이 남아 있었다. 베토벤의 〈운명〉을 듣고 슈베르트의

〈세레나데〉를 들을 때 잠시 평화롭기는 했으나, 더 깊숙한 곳에 들어 있는 헛헛한 감정은 누그러지지 않았다.

 술 마시고 노래할 때는 더 그랬다. 술기운에 유치한 농담을 하고 누군가의 뒷담화를 하거나 세상을 조롱하는 게 그리 유쾌한 일은 아니었다. 종일 질탕하게 놀다가 집에 돌아오면 내 일상이 엄한 표정으로 나를 기다리는 것도 별로였다. 밥을 해야 하고 청소며 아이 치다꺼리를 해야 하는 게 귀찮았다. 그 어느 것도 비켜갈 수 없는 노릇이고…….

 사는 게 왜 이리 시시할까.
 왜 날마다 밥 먹고 자고 남편과 다투고 그래야 할까.
 행복한 인생은 어디 있기에, 아니 행복이라는 게 인간사에 존재하기는 하나?

 그래서 살기 싫다는 생각이 가끔 들었다. 자식만 없다면, 친정 엄마만 없다면 어디론가 떠나고 싶었다. 사는 게 이렇듯 시시껄렁하고 아무것도 아닌 줄 미처 몰랐다. 그래도 20대 30대에는 뭔가 성취하려는 욕구라도 있었건만, 마흔이 되어 가니 어느 노래 가사처럼 '돈도 명예도 사랑도 다 싫다'였다. 그러니 남은 거라고는 죽음밖에 없어 보였다.

마음이 휑한 만큼 술 마시는 날이 점점 늘어 갔다. 적어도 술에 취했을 때는 세상이 생동감 있어 보이니 그럴 만도 했다. 서른 초반에 강원일보 신춘문예로 등단해서 문인들과 어울리며 술자리를 즐긴 것도 원인이었다. 처음에는 내가 술을 마시지만 나중에는 술이 나를 마셔 버리게 되었다. 자주 그랬다. 그만큼 몸은 몸대로 괴롭고 마음은 피폐해져 갔다.

내 딴에는 작가가 되면 뭔가 사명감에 불타서 삶의 의미를 찾게 되려니 했으나 그도 아니었다. 글은 생각만큼 잘 써지지 않았고 일상은 초조하게 흘러가고 있었다.

인생에 대해 아무것도 '알 수 없다'는 것을 안다는 건, 어찌 보면 인간에게 고통스러운 화두일 수 있겠다. 솔직히 우리는 삶에 대해서나 죽음에 대해 아무것도 모르지 않는가. 사춘기 지나 성인이 되면 인생이 조금씩 베일을 벗고 '짜잔~' 하며 궁금증이 풀릴 줄 알았는데 조금도 그렇지 않았다. 오히려 더 깊은 의문의 수렁으로 빠져드는 느낌이었다.

나는 어찌 된 셈인지 평범하게 살기가 쉽지 않았다. 결혼하고 아이 낳으면 그냥 평범하게 '아줌마'로 살 줄 알았는데 잘 되지 않았다. 실은 그러고 싶어서 결혼했는데 평범하게 사는 게 만만치 않았다.

나는 20대 중반에 평범하게 살기 위해 결혼을 해 버렸다. 그냥 해 버렸다. 세상에! 인생에서 가장 중요할 수 있는 행사인 결혼을 아무 생각 없이 했다. 20대에 무얼 알겠는가. 그저 풍습에 따라 결혼 적령기라는 시기에 적당한 남자와 해 버린 것이다. 물론 남편을 좋아했고, 그와 함께라면 행복할 거라고 생각했다.

'죽음으로써 모든 비극은 끝나고, 결혼으로써 모든 희극은 끝난다'는 말이 있다. 예전에 곧잘 쓰던 우스갯소리인데 요즘도 상담하면서 가끔씩 써먹게 된다. 20대~30대 젊은 친구들이 결혼을 하는 게 좋은지 아닌지 묻는 경우가 있기에 하는 소리다.

모든 결혼이 비극은 아닐 것이다. 괜찮은 배우자를 만나게 되면 그만큼 서로에게 힘이 되기도 한다. 그러니 결혼을 하는 것과 하지 않는 것의 비교는 별 의미가 없다. 그보다 중요한 건 두 사람이 얼마나 대화가 잘 이루어지며, 문제를 조율할 수 있는 마인드를 가졌는가에 따라 결혼의 성패가 달려 있다고 본다. 그럼에도 어쨌거나 결혼은 나 혼자 누리던 자유로움과 달리 어느 정도의 구속이나 간섭을 피할 수는 없다.

나 같은 경우 결혼해서 평범한 아줌마로 늙어 가려고 애썼음에도 잘 되지 않았던 건, 알 수 없는 내면의 갈망 때문이었다. 아마 어릴 때부터 그랬던 거 같다. 나도 잘 모르는 나의 내면 어디에선가 끊임없이 삶이 무언가 묻고 있었고, 어떻게 살아야 하는지 물었으니 말이다. 늘 그림자처럼 그런 물음이 따라다니고 있었다. 그러니 고뇌하는 철학자도 아니고 억척스런 아줌마도 아닌, 어정쩡한 회의주의자로서의 삶이 쉬울 리 없었다.

나는 그저 막연하게 답답했고 아무것도 알 수 없음에 괴로워했다. 그렇다고 해서 남편이 내 마음을 알아줄 리 없었다.

남편은 더할 나위 없이 착하고 성실했다. 게다가 나를 참 좋아했다. 그는 가정적이며 가족에 헌신하는 사람이었다. 너무 착하고 오지랖이 넓어서 가끔 손해 보는 짓도 했으나 남편으로서는 부족할 게 없었다. 아, 그럼에도 내 마음에서 회오리치는 쓸쓸함과 허무감을 어떻게 할 수 없었다.

왜 살아야 하지?
인생이란 대체 왜 존재하는 거지?
나는 어떻게 살아야 하지?

어떻게?

나 자신에게 '어떻게?'를 수없이 묻고 또 물었다. 밥을 먹다가도 묻고 머리를 감으면서도 물었다. 그러나 형제들을 봐도 그렇고 앞집 사람, 뒷집 사람을 기웃거려 봐도 제대로 사는 이가 보이지 않았다. 다들 아등바등하며 겨우 살아갈 뿐이었다.

질풍노도의 시절부터 줄곧

나는 꽤 오랜 세월을 상담과 명상 프로그램을 운영해 왔다. 그런 만큼 갖가지 사연을 가진 사람들을 많이 만나기도 했다. 그 가운데 젊은 친구들 하소연을 듣다 보면 새삼 나의 청춘 시절이 떠오른다.

요즘같이 물질이 풍족하고 편리한 환경에서도, 젊은이들의 고민은 내가 겪던 아픔과 크게 다르지 않음에 놀라기도 한다. 철부지 같은 청소년들이 뜻밖에도 절박함을 호소하는 경우가 많다.

"제가요……. 이제 내년이면 스무 살이 되는데요. 어떻게 살아야 하는지 모르겠어요. 이제 곧 어른인데 어떻게 살아야 해요?"

"공부가 하기 싫고 잡념만 많아요…… 대학은 꼭 가야 하나요? 앞날이 막막해요."

"그런데 왜 살아야 해요?"

이런 식의 질문을 받을 때마다 안타까우면서 내 어릴 적 생각이 난다. 그래, 사춘기가 어렵지. 어렵다마다. 사춘기뿐인가. 스무 살이 되는 건 또 얼마나 설레며 한편으로 두려운가.

솔직히 '청춘은 아름다워'가 아니라 '청춘은 두려워'다. 몸이야 생기가 넘쳐 날아다닐 듯 가벼운지 몰라도, 마음속에 휘몰아치는 온갖 의문과 미래에 대한 두려움이 얼마나 무거운가. 그러다가 본격적으로 20대를 통과하려면 짙은 안개 속을 헤매듯이 방황해야 하는 것을.

지금도 나는 중학교 졸업식 날 왜 그렇게 울었는지 신기할 정도이다. 정말 많이 울었던 기억이 난다. 그 시절 내가 다니던 학교가 좋았던 것도 아니고 친구들과 헤어지는 게 섭섭한 것도 아니었다. 오히려 통학 거리가 멀어서 빨리 졸업하는 게 나았다. 그럼에도 졸업식 날 걷잡을 수 없이 눈물이 쏟아지는데 주체할 수가 없었다.

처음에는 그저 이별이 주는 아쉬움 때문이려니 하고 적당히 훌쩍거리며 지루한 졸업식을 견디고 있었다. 그런데 졸업식이 끝나고 친구들과 사진 찍으며 이리저리 몰려다니는데 더 눈물이 나니 민망할 지경이었다. 뭐, 조금 울 수는 있겠지. 그런데 어쩌자고 하염없이 눈물이 흐르는 것일까.

그때 나는 가슴 깊숙한 어디에선가 삶에 대한 갈망이 일렁이고 있음을 느꼈다. 어렴풋이나마 그랬다. 삶에 대해 궁금해지는 사춘기에 당연히 일어날 수 있는 현상이었다. 물론 그 당시에는 하염없이 흐르는 눈물이 민망하기만 했다. 그러나 그 먹먹함과 아릿한 슬픔은 삶에 대한 갈망 외에 달리 설명이 되지 않는다.

사람은 누구나 한두 번쯤 삶의 의문 앞에 서게 된다. 특히 사춘기에는 순수한 마음속에 자아들이 형성되면서 '나는 누구인가?'라는 질문을 하게 돼 있다.

나는 누구인가?
삶이란 무엇인가?
이 세상은 어떤 존재 이유가 있는가?

어른들이 보기에 쓸데없다고 하는 질문이 사춘기에 일어나게 돼 있다. 어른이 되면 더 이상 이런 질문과 씨름하지 않기에, 사춘기를 지나온 어른들은 아이들 입을 막으려고 한다.
어른들은 마치 인생을 다 아는 것처럼 아이들에게 말한다. 쓸데없는 생각 말고 공부나 하라고. 공부해서 좋은 대학 가고 좋은 배우자 만나 결혼하고 출세하라고. 그게 인생의 전부인 양 가르친다. 왜냐하면 그네들도 사춘기 때 많이 생각을 했으나 인생에 대해 명쾌한 답을 찾지 못한 채 어른이 되었기 때문이다. (어른들이 얼마나 허술하고 시시한지! 아이들이 모르는 게 다행인 걸까?)

나 같은 사람은 어른이 돼서도 그런 질문으로부터 자유롭지 못했다. 그래서 때로 같은 어른들 틈에서 이방인이 되기도 하고 우울해지기도 한다. 결혼해서 아이 낳고 평범한 아줌마로 살아가려고 아무리 애써도 잘 되지 않는 경우가 있는 법이다.

남편은 그런 나를 달가워하지 않았다. 그가 보기에 나는 좀 이상한 여자였다. 그의 표현대로 하자면 내가 팔자가 좋아서 그렇다는 거다.

"아니, 당신처럼 속 편한 여자가 세상에 어디 있어? 애들이 많아서 힘든 것도 아니요, 남편이 무능해서 대신 돈벌이하느라 고생하는 것도 아니고. 도대체 뭐가 불만이지?" 그는 그렇게 답답하다는 듯이 말하곤 했다.

그가 원하는 건 단순하고 평범했다. 그는 그저 단란한 가정을 원했다. 남편이 퇴근하면 맛있는 된장찌개 끓여 놓고 도란도란 얘기 나누며, 밤에 한 침대에서 다정하게 자는 그런 아내의 역할을 바랄 뿐이었다. 그런데 이 여자는 그렇지 않으니

유별나 보일 수밖에 없었다. 걸핏하면 술에 취해 울거나 밤새 소설 쓴답시고 원고지와 씨름하고 있으니, 그가 생각하는 현모양처의 모습은 아니었다.

순진하고 가녀린 소녀에서 여자가 되었을 때, 인생이 별것 아니라는 생각은 내 영혼을 갉아먹기에 충분한 주제가 되었다. 나는 조금씩 무너지기 시작했고 날이 갈수록 희망이 사라져 갔다.

나는 나를 견딜 수가 없었다. 나를 주체할 수 없었다. 이렇게 살아도 저렇게 살아도 허망하다는 결론이 늘 발목을 잡았다. 중학교 졸업식 날 그렇게 울던 그 가슴이 아직 시퍼렇게 살아 있었나 보다. 그래서 그냥 아줌마로 살지 못하고 방황했다.

어른이 된다는 게 겨우 이런 정도인가? 그런 생각이 들었다. 밥 먹고 잠자고 청소하고 친구 만나고 밤이면 섹스하고, 그러다가 아이 생기면 낳고. 겨우 이 정도 시나리오가 어릴 때 동경하던 어른의 세계인가? 아무리 생각해 봐도 어처구니가 없었다.

이건 아니라는 생각이 자꾸 들었다. 적어도 어른의 세계에서는 뭔가 삶의 비밀이 풀어져야 하는 거 아닌가? 적어도 내가 존재하는 이유 정도는 알 수 있어야 하지 않나? 그런데 겨우 이 정도라니 너무한 거 아닌가 싶었다.

 아무리 음악을 듣고 여행을 떠나도 삶에 대해 풀어 주는 단서가 보이지 않다니. 좋은 친구를 만나서 맛있는 음식을 먹어도 그때뿐인 것을. 이런 일상이 전부라고? 그렇다면 내가 살 이유가 없는 건데……. 그런 생각이 머릿속에서 떠나지 않고 나를 닦달했다.

 어른들의 허접한 관습과 도덕과 욕망이 싫었던 나는 서서히 우울의 늪으로 빠져들어 갔다. 존재하는 게 싫었다. 그래서 아침 먹고 자고, 점심 먹고 자고, 저녁 먹고 자고. 그다음 날에 다시 그렇게, 이승도 저승도 아닌 세계를 방황하고 있었다.

 추운 겨울, 설날에 색동저고리 입고 깡충깡충 뛰던 아이도
 중학교 졸업식 날 하염없이 울던 아이도
 스무 살 첫사랑 때문에 마음 아프던 소녀도
 모두 어디론가 사라지고
 저 멀리 희미해지고…….
 가슴이 메말라 버린 어느 여인이
 살고 싶지 않다고 무너지는 어느 여인이
 어느 날, 그렇게 거울 속에서 물끄러미 나를 보고 있을 때.

하얀 꿈나라에서

눈이 내리고 있었다. 아주 조용히, 너무나 조용해서 눈이 내리는 줄도 몰랐다.

눈은 어느새 온 세상을 하얗게 덮고 또 덮고 있었다.
나무들도 하얗고, 지붕들도 하얗고
마당도 하얗고, 친구 집도 하얗고
온통 하얗기만 해서 꿈처럼 달콤했다.

조용한 한낮에
눈은 그리움을 속삭이듯이 그칠 줄 몰랐다.
아주 조용한 한낮에
사람들은 모두 조용히 숨어 있었다.

아무도 없는 조용한 한낮에
새들은 하얀 허공을 가로지르는데
일곱 살의 어린 나는 하얀 세상을 그저 바라보기만 했다.

멍멍이도 잠든 한낮의 적요 속에
이웃집 친구도 보이지 않는 조용한 시간에
나는 새하얀 대지를 밟으며 사뿐 걸었다.

모든 사물이 정지된 순간 속에
일곱 살의 어린 나는 사뿐 걸음으로
이웃집 그네에 앉았다. 아무도 없는 한낮에…….

이웃집 그네는 조금씩 흔들리며 함박눈을 맞이하고 있었다.
일곱 살의 어린 나는 흔들리는 그네와 함께 먼 우주에서 날아오는 새하얀
눈을 하염없이 맞이하고 있었다.

눈은 점점 쌓여 가고
하늘은 온통 눈의 축제가 벌어지고
일곱 살의 어린 나는
친구도 없는 마당에서
그네에 앉아 조용히 내려오는 눈을 맞이하고 있었다.
언제까지나 언제까지나

눈은 내리고, 눈은 자꾸 내리고.
아직도 내가 두고 온 우주에는 일곱 살 어린 소녀가
그네에 앉아 하염없이 내리는 눈을 맞이하고 있다…….

우연이거나
필연이거나

　때로 인생은 아주 단순한 사건 하나로 삶 전체가 뒤바뀌기도 한다. 우연이거나 아니거나 상관없이 작은 단서 하나가 삶에 영향을 미치는 경우가 있다. 특히 사람과의 관계 속에서, 어떤 인연으로 해서 삶의 행보가 변화하기도 한다. 내가 그랬다.

　철없는 아이처럼 두 가지 색깔의 세계를 오갈 때, 서예와 음악에 심취해 있던 친구가 있었다. 그녀는 소설 《데미안》에 나오는 인물로 치자면 밝은 세계에 속한 데미안 같은 친구였다.
　그녀는 한마디로 모범생이고 지나치게 완벽하고 깔끔했으며 도덕적인 친구였다. 나는 한 번도 그녀의 흐트러진 모습을 본 적이 없었다. 음악을 듣거나 영화를 보거나 인생에 대해 얘기하면서, 그녀는 언제나 이상적인 모습으로 내게 각인돼 있었다.

그 친구 집은 언제나 깔끔하고 먼지 한 톨 보이지 않았다. 집 안 여기저기가 잘 정돈돼 있는 건 기본이고, 음식 하나도 참 정갈하게 만드는 친구였다. 그래서 한편으로 부러우면서도 일말의 불편함이 없지 않았다. 꼭 저렇게까지 해야 하나 싶었다.

아무튼 조금은 유난스럽고 완벽했던 그 친구가 어느 날, 느닷없이 전화해서 아르바이트를 하자고 제안한 게 나로서는 이변이었다. 정말 뜻밖이었다.

"우리 같이 일해 보는 건 어때?"

"뭘?"

"출판사에서……."

출판사에서 대체 뭘 하자는 건지 선뜻 이해가 되지 않았다. 내가 가진 재주라야 겨우 글이나 쓰는 건데 무슨?

"책 세일즈를 해볼까 하고."

"책을…… 판다고?"

뜬금없이 아르바이트를 제안하는 것도 그런데 책을 팔겠다니. 우리가? 나는 좀 당혹스러웠고 도무지 그림이 그려지지 않았다.

그 시절에는 출판사에서 주부 영업사원을 채용해서 가정 방문으로 책을 파는 시스템이 성행했다. 인맥을 통해서나 혹은 아무 집이나 찾아다니며 책을 소개하고 주문을 받는 형식이었다. 그런데 나나 그 친구나 그런 일을 할 만한 깜냥이 아니었다. 둘 다 활달한 성격도 아니고 아무에게나 쉽게 말을 걸 만큼 용기 있는 편도 아닌데 세일즈라니.

나는 속으로 웃음이 나오기도 했지만 워낙 진지한 친구라서 단숨에 거절할 수가 없었다. 뭐 딱히 할 일이 많지 않으니 시간 나는 대로 용돈벌이 하는 것도 나쁘지 않겠다고 생각했다. 그래도 그렇지 세상에 그 친구가 책을 판다고?

대체 이 친구가 무슨 이유로 그런 발상을 하게 되었는지, 알다가도 모를 일이지만 약속을 해 버렸다. 하기는 그녀도 나도 달랑 아이 하나 낳고 살림하며 지내니, 아이가 큰 뒤에 갖는 한가로움이 그런 생각을 갖게 했을 수도 있었다.

그런데 며칠이 지나서 다시 그 친구가 전화를 했다. 나는 어쨌거나 그녀가 얘기한 대로 책을 팔 생각을 갖고 있었다. 한편으로 재미 있을 거라는 생각도 하고. 그러나 '혹시?'가 '역시'였다. 그 친구는 그새 마음이 바뀌어서 하지 않겠다고 내게 말했다. 나는 이번에도 좀 당혹스러웠으나 그러자며 전화를 끊었다. 원, 싱겁기는.

충분히 예상했던 일이면서도 이 섭섭한 느낌은 뭐지? 아니 섭섭하다기보다 뭔가 허전한 느낌이었다. 당연히 그 친구가 안 한다면 나 혼자 할 이유가 없었고, 굳이 그걸 꼭 하고 싶은 마음도 없었다. 그러니 그저 해프닝으로 끝나는 거였다. 그런데 어떤 운명이 나를 기다리고 있었던 걸까? 왠지 미련이 남고 무어라도 하고 싶다는 생각이 자꾸 들었다.

  그 무렵 나는 많은 것에서 지쳐 있었다. 단순하게 표현하자면 '사는 것'에 지쳤다고 해야 할 게다. 그냥 사는 게 힘들었다.

  아이가 어릴 때는 그나마 키우는 재미라도 있었다. 아이 키우는 게 힘들지만 엄마로서 갖는 애착 심리가 작용하니 소소한 재미가 있었는데, 더 이상 그럴 만한 일이 없었다.

  하나밖에 없는 아들은 어느새 사춘기가 되어 엄마랑 거의 말도 하지 않으니, 자식도 품 안에 들 때이지 그 또한 아무것도 아님을 깨닫고 있었다. 더구나 고등학생이 되어 아침 일찍 학교 가면 밤 10시 넘어 귀가하는데 무슨 대화가 되겠는가.

  딸 같으면 모를까 아들은 무뚝뚝하고 말이 없었다. 어릴 때 업어주고 뽀뽀하고 내 품에 안겨 있던 아이가 아니라, 훌쩍 커버린 아들에게 서먹함마저 일었다. 어미 마음이야 늘 자식 사랑이 넘치지만, 이제 아들은 더 이상 내 귀여운 아기가 아니었다.

  그 무렵 남편과의 사이도 그랬다. 결혼이라는 우스꽝스러운 형식을 빌려 한 집에서 먹고 자고 몸을 섞지만, 그 역시 엄연한 타인이었다. 더구나 이 남자는 나처럼 삶에 대한 의구심으로 괴로운 사람이 아니었다.

  그는 그저 평범하고 성실한 시민의 한 사람일 뿐 내 영혼의 파트너는 아닌 것이다. 좋은 남편이자 좋은 아빠이긴 했으나 내 삶의 갈증을 풀어 줄 수 있는 대상이 아니었다. 하기야 남편이 소크라테스도 아닌데 인생의 멘토이길 원하는 내가 문제이지, 이런 골치 아픈 여자와 사는 게 뭐 그리 좋겠는가. 그래서 우리는 자주 다투고 서로를 원망하기도 했다. 만일 다른 남자였다면, 만일 다른 여자였다면……. 아마 둘 다 그런 생각을 했을 게다.

  돌이켜 보면 우리 갈등은 그의 잘못도 내 잘못도 아니었다. 서로가 삶을 바라보는 시각이 달랐을 뿐이다. 서로 다른 개념을 갖고 성장해 온 사람들이 결혼이라는 형식 속에서 한 집에 사는 것일 뿐, 온전히 서로를 이해하고 수용하는 것이 어렵다는 걸 나중에야 깨닫게 되었다.

  결혼 하고 아이 낳고 해 볼 거 다 해 본 나에게 무작정 밀려오던 허무감 속에서, 나는 어떻게든 나를 살릴 돌파구가 필요했다. 그래서 친구가 아르바이트 제안했던 걸 서슴지 않고 받아들였던 건데, 막상 하지 않겠다고 하니 맥이 빠졌다. 그러면 그렇지 하면서도 나는 뭔가 해 볼 요량으로 '교차로' 신문을 뒤적거렸다.

그때 마침 웅진 출판사라는 곳에서 영업사원을 모집한다는 광고가 눈에 띄었다. 원래 친구가 제안했던 출판사는 금성 출판사로 기억하는데, 나는 그냥 무작정 웅진 출판사 지부를 찾아갔다. 내가 생각해도 좀 웃기는 행동이었는데 그저 마음이 가는 대로 그렇게 했을 뿐이다.

그곳 지부장은 나와 비슷한 또래의 활달한 여성이었는데, 그녀는 싹싹하게 나를 맞이하면서 같이 일해 보자고 부추겼다. 나는 그녀의 밝은 모습이 마음에 들어서 선뜻 그러자고 했다. 내 발로 찾아간 것이니 마다할 이유가 없었다.

우리는 금세 친구처럼 가깝게 지내며 일하게 되었다. 나는 지부장의 열정과 부지런함이 존경스러울 정도였다. 세상 사람들이 다들 이렇게 열심히 사는구나, 하는 걸 느꼈다. 나처럼 한가롭고 무기력한 게 아니라 치열하게 사는 모습이 낯설면서도 흥미롭게 보였다.

그 당시 우울감과 무기력으로 힘든 나에게 영업사원의 일상은 어느 정도 활력을 주기도 했다. 그래서 비록 실적의 압박이 있었지만 개의치 않고 다니게 되었다. 지부장 역시 나에게 부담을 주는 대신 친구처럼 데리고 다니며 나를 트레이닝하는 것으로 만족했다.

그런 어느 날 오후 사무실로 걸려 온 한 통의 전화가 있었으니, 그것이 바야흐로 내 삶의 방향을 바꾸는 계기가 될 줄 누가 알았겠는가. 정말 돌이켜 생각할수록 신기할 정도의 인연이 그때 시작되었다.

그날 사무실에는 다른 직원들이 퇴근하고 나랑 지부장만 있었던 것 같다. 그때 마침 걸려 온 전화를 지부장이 받았고 나는 그냥 옆에 있었는데, 통화를 끝낸 그녀가 나에게 출장을 제안했다.

시골 어느 곳에서 백과사전을 구매한다고 하니 같이 가자는 거였다. 우리가 사는 도시와 좀 떨어진 곳이어서 의외였는데 멀어도 당연히 찾아가야 했다.

나는 상사가 제안하니 거절할 이유가 없기에 흔쾌히 그러자고 했다. 그래서 다음 날인가 그녀가 운전하는 자동차를 타고 시골의 한 작은 교육원에 가게 되었다.

한적한 농촌 마을에 폐교를 리모델링해서 쓰고 있는 그 교육원은, 아늑하고 평범해 보일 뿐 별다른 특징이 없었다. 운동장 가에 커다란 잣나무들이 울타리처럼 자라 있었고, 계단을

오르면 자그마한 일자 형태의 교실이 보였다. 시골의 작은 학교들이 으레 그런 것처럼 조용하면서 정감 넘치는 그곳을 지부장과 나는 조심스레 들어섰다. 문소리가 들리자 누군가 안내를 했고, 우리가 들어선 교실에는 뜻밖에 말쑥한(?) 남자들이 서넛 있었다.

지부장은 프로답게 세련된 태도로 책 소개를 하고 구매를 부추겼다. 나는 약간 어눌한 어조로 거들기는 했으나 왠지 쑥스러웠다. 나 같은 아마추어는 누가 책을 산다고 하면 달랑 그거 하나 파는데 지부장은 그렇지 않았다. 워낙 감각이 뛰어나고 이재에 밝아서인지, 남이 하나 팔 것을 두세 개 팔 정도로 수완이 좋았다. 그때 그들이 원했던 것은 브리태니커 백과사전이었는데, 그것 외에 클래식 CD와 고가의 다른 제품까지 계약했던 걸로 기억이 된다.

돌아오는 길에 지부장은 신이 나 있었다. 세상에 이렇게 순순히 영업하기가 쉬운 게 아닌데, 권하는 대로 선뜻 구매를 해 주니 얼마나 좋은가.
"그런데 그 사람들 무슨 일을 하는 걸까요?"
지부장이 신이 나서 물었다.
"글쎄요. 이런 한적한 시골에서 무얼 하는지……."

"뭘 연구하는 사람들 같기도 하고. 그렇죠?"
"그러게요. 아무튼 거래가 잘돼서 좋네요."
"정말 잘되었어요. 다음에 꼭 사은품 챙겨서 다시 찾아갑시다."

"네, 그래요."
"그런데 나중에 배웅하던 분이 하던 말 기억나요? 다음 번 방문할 때 필요한 게 있으면 가져오겠다 하니, 그저 따듯한 마음만 갖고 오면 된다고. 정말 멋있지 않아요?"
"네, 참 괜찮은 사람들 같아요."
그렇게 대꾸를 하면서도 나 역시 내심 놀라운 것은, 나도 모르게 그들에게 마음이 끌리고 있다는 거였다. 생면부지의 사람들을 만났는데 마음이 끌리는 건 왜일까. 대체 뭘 하는 사람들일까? 많은 게 궁금했다. 그저 책이 필요하다고 해서 갔던 것이고, 우리가 원하는 것 이상으로 구입해 줘서 고마운 건데 이 친근한 느낌은 뭘까. 지극히 사무적인 만남이었는데 마음에 남은 여운은 쉽게 가시지 않았다.

그렇게 운명처럼 내 삶을 바꾸는 인연들을 만났다.
매우 뛰어나고 위대한 나의 스승과 동지들을 만났다.
미치도록 삶의 갈증을 느끼던 나에게 운명처럼 다가온 시간이었다.

때론 어찌할 수 없는 삶이

휘이휘이~
과거를 휘저으면 떠오르는 추억이 있다.

어린 시절, 콧등에 주근깨가 약간 있던 이웃집 소년이 떠오른다.
그 애는 나를 좋아했다. 나도 그 애를 좋아했다.
우리는 늘 사이좋게 놀았다. 한 번도 그 애랑 싸우지 않았다.

이웃집 소년과 사이가 틀어지게 된 이유는 내가 만들어 놓은 채소밭 때문이었다. 굳이 밭이라고 표현할 것까지 못 되는 건, 뒤꼍에 겨우 한 평 남짓한 크기였으니까.
해마다 봄이 되면 엄마는 집 앞 텃밭에 푸성귀를 심었다. 열무, 아욱, 쑥갓, 상추를 심어놓으면 그 파릇한 새싹들이 어찌나 귀여운지!
그래서 나도 그걸 흉내 내어 나만의 밭을 만들었다. 호미로 고랑을 만들고 돌멩이를 골라내고 씨앗을 뿌려 봤다. 그러고는 틈나는 대로 물을 뿌려 주고······.

설마 새싹이 나리라고는 생각조차 하지 않았다. 그냥 호기심 반 재미 반으로 해 본 거니까. 그래서 며칠은 까맣게 잊고 지내기도 했다. 아이들이 대개 그런 것처럼.

물론 처음에는 하루에도 몇 번씩 들여다보며 뭔 징조가 있나 살펴보기도 했다. 그러나 징조는커녕 메마른 땅에서는 아무런 기척이 없었다.

그리고 며칠이 지났을까.

그냥 까마득히 잊고 지내던 뒤뜰에 무심히 발걸음을 옮기던 나는 그만 놀라움으로 입을 벌린 채 우뚝 서고 말았다.

세상에!

그 작고 메마른 땅에서 푸릇푸릇한 새싹들이 올라와서 춤을 추고 있었다. 바람이 불 때마다 살랑거리는 새싹들의 모습이란 참으로 경이로웠다.

나는 무슨 대단한 기적을 보는 것 같았다. 척박한 곳에 대충 뿌린 씨앗들이 싹을 틔우다니…….

눈물이 날 만큼 귀엽고 사랑스러운 새싹들의 춤은 마치 우주의 비밀을 속삭이는 듯했다.

"안녕? 꼬마 아가씨……."

"아, 안녕? 반가워~ 그런데 어떻게……."

"그냥 뭐, 조금 노력했을 뿐이야." 으쓱으쓱.

"고마워. 나 실은 까맣게 잊고 있었어. 아니, 포기한 것도 있었지.

잘 안될 거라고 생각했으니까."
"물론 쉽지 않았어. 그렇지만 노력했지. 언제나 최선을 다해야 하니까." 흠흠~
"그런데 어쩜 이렇게 예쁘니?"
"아니, 뭐 약간…… 그런 편이야~"
앙증맞고 도도하고 그러면서도 푸른 생명력이 넘치는 모습은 나를 매료시켰다. 나는 얼마나 오랫동안 넋을 잃고 새싹들의 속삭임을 들었는지 모른다.

행복했다.
가슴이 풍선처럼 부풀어 오르면서 행복했다. 모든 게 신기하고 놀라웠다. 온 세상이 경이로운 순간이었다. 인생이 살 만하다고, 의미가 있는 거라고 느꼈다(물론 그 당시에 그런 표현을 하진 않았지만 돌이켜 보면 그런 느낌이다).

나는 날마다 뒤꼍에 가서 새싹들과 얘기를 나누었다. 말없이 오래도록 바라보며 마음의 대화를 나누었다.
하루가 다르게 새싹이 자라는 모습은 나에게 설렘과 희망을 안겨 주었다. 집 앞 텃밭에는 엄마가 심어 놓은 푸성귀가 훨씬 크게 자라고 있었지만, 나에게는 오직 내가 가꾸는 새싹들만이 의미가 있었다. 나의 전부였다.
그때는.

그리고 행복했던 며칠이 지나갔다. 행복했던…….

행복은 오래가지 않는 법이다.
어느 날, 설레는 마음으로 뒤뜰에 달려갔는데 나의 새싹들이 뭉개져 있었다.
푸릇푸릇하게 올라오던 새싹들이 마구 짓밟혀 있었다.
아, 그때의 슬픔이란.

슬픔과 안타까움이 나를 사로잡던 순간이었다. 내가 어찌할 수 없는 '운명'이 있으리라는 예감이었을까. 살아가면서 언제나 닥칠 수 있는, 어찌할 수 없는.

나는 아무것도 할 수 없었고, 그저 뭉개진 새싹들만 바라보고 있었다. 대체 누가 그랬을까? 왜? 무엇 때문에?
조금씩 그런 생각이 들자 비로소 주위를 두리번거리게 되었다. 대체 누가 이런 짓을…….

그때였다. 콧등에 주근깨가 있는 이웃집 소년이 저 멀리 나무 뒤에 숨어서 나를 바라보고 있었다.
소년은 평소와 다른 태도로(내 눈치를 보며 조금은 겁먹은 표정이기도 한) 나를 보고 있었다.

우리는 서로 눈이 마주쳤다.

하지만 나는 아무 말도 하지 못했다. 그저 바라보고만 있었다. 소년 역시 말 없이 나를 바라볼 뿐이었다.

'아, 어쩌자고…….'

우리는 그렇게 숨죽이며 서로를 바라보고 있었다.

그게 전부였다. 기억이란 매번 그런 것처럼 하나의 장면으로 끝이 나곤 한다. 그 뒤가 계속 이어지게 남아 있질 않다.

아마도 나는 그 후에 다시 소년과 재미있게 놀았을 게다. 잠깐의 절망스러움이야 아이답게 잊었을 테니까. 하지만 그 시절 내가 기르던 새싹들에 대한 기억은 여전히 가슴 서늘하게 남아 있다. 그리고 소년의 당혹스러워하던 모습도

인생에 있어서 불가항력의 사건들은 언제나 일어나게 돼 있다. 내가 어찌할 수 없는 일들이 늘 벌어지는 게 인생이다. 그걸 깨닫게 되었다…….

깨어 있는
휴머니스트 공동체

　인생을 살다 보면 여러 부류의 사람들을 만나게 된다. 개중에는 존경할 만한 인물도 있으나 어처구니없게 뒤통수치는 사람도 적지 않다. 나를 싫어하는 사람이 있기 마련이고 해코지하는 경우도 많다.

　산전수전 겪으며 온갖 사람들을 보아 온 내게, 낯선 시골 학교에 있던 그들은 신선한 충격을 주었다. 그냥 처음부터 인간적으로 마음이 끌렸다.

　그 당시 지부장과 나는 예상 외로 수익을 내어 기분 좋은 게 당연했다. 그래서 감사의 표시로 사은품을 챙겨 찾아갈 계획을 세웠다. 고객 관리 차원에서 그랬다.

　며칠 후 지부장과 나는 그네들에게 필요할 만한 사무용품을 챙겨서 그 교육원을 방문했다. 이번에도 그들은 반가우면서도 정중한 태도로 우리를 대해 주었고, 잘 기억나지 않지만 잠깐의 담소를 나누었을 것이다. 나와 지부장은 어떻게든 그들의 정체를 알고 싶어 했으나 별다른 단서를 얻지는 못했다.

 다만 명상을 하고 인간에 대해 탐구(?)한다는 정도로 어렴풋이 파악이 되었다. 당시에 나는 명상이 뭔지도 모르고 관심도 없었다. 그들 중에 누가 스승인지도 몰랐다. 서로 존중하며 품위 있게 대하니 모르는 게 당연했다.
 지부장은 영업 목적으로 그들을 대하고 친분을 다지려 애썼지만 나는 좀 다른 입장이 되었다. 왜냐하면 두 번의 만남 뒤에도 가끔 나 혼자 찾아가는 일이 생겼으니 말이다.

 그냥 마음이 끌렸다. 나이 마흔 무렵 인간에 대한 염증으로 찌든 내게, 그들은 마치 다른 세상 사람들 같았다. 그렇다고 뭐 특별한 얘기를 나눈 것도 아니고, 나에게 특별한 태도를 보여준 것도 없었다. 그럼에도 나는 내 마음이, 내 영혼이 끌리고 있음을 느꼈다.
 나는 어쩌다 한 번씩 마음이 심란할 때마다 시골길을 달려 그곳을 찾았다. 마치 어미 잃은 새가 고향을 찾아가듯 가게 되었다. 한편으로 조심스러운 마음도 없지 않았다. 정체불명의 사람들과 무작정 어울릴 수는 없는 일 아닌가. 그래서 거의 일 년 정도를 이 친구 저 친구 데리고 가기도 했다.

때로는 나 혼자 찾아가서 책을 읽거나 상담을 받기도 했다. 때로 대화하다가 울기도 했다.

그러니까 도대체 왜 살아야 하는지, 왜 인간들은 서로 못 잡아먹어서 안달인지, 세상은 왜 이 모양으로 돌아가는지……. 아마도 내가 던진 질문의 대부분이 그런 거였을 게다.
그 무렵 나는 더욱 염세적이었고 죽고 싶다는 생각을 자주 하고 있었다. 어쩌다 혼자 집에 있을 때면 온종일 울기만 해서 눈이 붕어처럼 퉁퉁 부어 있기도 했다.
소설은 여전히 써지지 않았고 음악 감상이나 철학 얘기도 그때 잠깐뿐이었다. 술 좋아하는 친구들과 몇 날을 퍼마셔도 삶의 갈증은 해소되지 않았다.

그럴 때마다 나는 살기 위한 도피처럼 그곳 교육원을 찾아 갔다. 내 마음이 그곳을 갈망했던 모양이다. 적어도 그곳에 있는 시간만큼은 내 마음이 힐링되는 느낌이었고 평온했으니까.

그렇게 일 년여의 시간이 흐를 무렵 가깝게 지내는 후배가 있어서 함께 몇 번 찾아갔고, 그 무렵에 명상을 배우기도 했다. 난생처음 명상이라는 걸 얼떨결에 경험했다. 뭐가 뭔지 몰랐으나 함께 마음이 공명하는 시간이 즐거웠다.

그런 어느 초여름이었나, 강원도 인제 내린천으로 래프팅을 가자는 제안을 받게 되었다. TV에서나 보던 래프팅을 한다는 게 구미가 당겼다. 그래서 후배와 나는 흔쾌히 약속을 하고 난생처음 래프팅을 하게 되었다. 그 과정에서 느낀 유쾌함과 짜릿함은 지금도 마치 어제 일처럼 잊을 수가 없다. 내린천의 맑은 물과 양쪽에 펼쳐진 진초록의 산들, 시원한 바람 그리고 여럿이 외치던 함성과 끊이지 않는 웃음이 여전히 생생하다.

우리는 멋진 신세계를 맛보았다. 멋진 신세계란 단지 래프팅 때문이 아니다. 나는 래프팅도 즐거웠지만 그들과 함께 어울리는 게 몹시 행복했다. 참으로 가슴 설레는 행복이었다.

그 당시 교육원을 왕래하는 사람들이 많지는 않았다. 그래도 래프팅하면서 20여 명 정도 모였는데 어찌나 즐겁고 유쾌하던지. 아니 뭐 이런 사람들이 있나 싶을 정도로 모두가 자연스레 어울리고 있었다. 서로를 존중하는 모습도 억지가 아니라 마음에서 우러나오는 태도였고, 너 나 할 것 없이 솔선수범하는 모습이 참 보기 좋았다.

사람들이 모여서 이렇게 조화로울 수 있다니.
저 해맑은 웃음과 표정은 어디서 나오는 걸까.
저 사람들은 인생이 허무하지 않은가……?

래프팅을 하는 내내 나는 그런 생각을 했던 거 같다. 사람들이 모여 어우러지는 모습이 감동으로 다가왔다. 나는 점점 그들의 인간적인 면모에 매료되었다. 그것은 단순히 사람이 좋다는 정도가 아니었다. 사람이 아름다웠다. 한 사람 한 사람이 소박하고 인간적이며 서로를 깊이 마음으로 만나려는 모습을 볼 때마다, 사람이 꽃보다 아름답다는 노랫말이 생각났다.

그들은 휴머니스트였다. 그들은 깨어 있는 휴머니즘을 추구하는 사람들이었다. 나중에 안 거지만 백과사전에 나오는 휴머니즘의 정의가 재미있다. 그 내용은 대략 이렇다.

휴머니즘이란 '나'를 초월하는 것이며, 그런 나를 실현해 나가는 것이다. 이기적이거나 나 중심적인 관점이 아니라 세상을 아우르는 가치관을 의미하고 있다. 그래서 나중에는 그런 휴머니즘 자체를 뛰어넘는 것이라고 한다. 한마디로 휴머니스트는 니체가 말한 초인이라 할 수 있다.

이 얼마나 멋지고 위대한 인간의 정체성인가! 그러니까 휴머니즘은 기존의 나를 고집하지 않고 끊임없이 '나'의 한계를 넘어선다는 뜻이다.

끊임없이 '나'를 초월하고 한계를 넘고자 노력해 가며, 상식적인 진리를 추구하는 사람들― 시골의 작은 교육원 사람들의 정체성이 그것이었다.

그들은 인간적이며 아름다웠다. 그들과의 만남은 내 삶을 바꾸기에 충분했다. 참으로 내게는 과분한 인연이었다.

그동안 내가 살아온 삶과 비교해 보자면, 그들이 추구하는 삶은 나로서는 이상향과도 같았다.

나는 이제까지 나 자신을 하찮게 여기며 내 삶을 아무렇게나 흘러가도록 방치했었다. 내가 보고 느끼는 세상이 전부인 줄 알고 살아왔다. 참 어리석고 무지한 인생이었는데 그것이 아님을 깨우쳐 준 인연이었다. 그들을 만난 이후로 나는 조금씩 인간다워지기 시작했다.

삶에 눈을 뜨는 시기

가만히 생각해 보면 인생의 고비마다 어떤 반전들이 숨어 있다는 것을 깨닫게 된다. 아주 사소하고 평범한 단초 하나가 엄청난 파장을 가져오기도 하기에 그런 생각이 든다. 일종의 나비 효과처럼, 홍콩에서 일어난 작은 나비의 날갯짓이 뉴욕에 태풍을 일으킬 수 있다는 논리가 그런 거다.

나는 지금까지도 한 통의 전화가 내 인생의 터닝 포인트가 되었다는 게 놀랍다. 그러니까 서예하는 고상한 친구가 갑자기 아르바이트를 제안한 것도 그렇고, 시골 외진 곳에서 내가 있는 출판사 지부로 브리태니커 사전을 사겠다고 전화가 온 것도 재미있는 우연이 아닌가. 그 당시에는 브리태니커 백과사전을 파는 전문 지부가 따로 있었다는데, 내가 있던 사무실로 전화가 왔으니 그저 놀라울 수밖에 없다. 게다가 그런 일들이 내가 들어간 지 한 달 이내에 일어난 것이었으니…….

만약 내 친구가 아르바이트 제안을 하지 않았다면, 혹은 그 교육원에서 브리태니커를 주문하지 않았다면 어떻게 되었을까?

 내 삶의 방향을 바꾸는 사건이 나비 효과처럼 아주 사소한 발단에서 비롯된 것이, 그저 우연이라고만 치부하기엔 흥미롭지 않은가? '이것이 있음으로 저것이 있다'는 석가의 연기설처럼, 우연의 씨줄과 날줄이 엮이면서 나의 삶이 변화해 갔으니 한편으로 드라마틱할 뿐이다.

 나는 처음부터 스승의 뛰어남을 알아보지는 못했다. 애초에 누가 스승인지 제자인지도 모른 채 들락거렸으니 그럴 만도 했다. 어느 날 후배와 같이 스승이라는 분과 정식으로 인사했을 때조차 그분이 얼마나 대단한지 몰랐다. 그도 그럴 것이 당시에 나는 마음공부를 한다는 개념이 없었고, 명상이나 수행하는 사람들은 별나라 사람들이라고 생각했으니 말이다. 게다가 내가 교육원을 왕래할 시기에는 그들이 그런 분야에 대해 거의 언급이 없었으니, 천둥벌거숭이 같은 내가 어찌 짐작이나 하겠는가. 나중에 알고 보니 스승이라는 분은 아무나 제자로 받아들이지 않는다고 하였고, 내가 제멋대로 들락거릴 때 그분은 나를 그저 손님으로 대했을 뿐이었다.

나의 스승은 20대 중후반에 크게 깨달은 분이었다. 내가 초기에 몇 번 왕래할 때 그분은 지극히 평범한 모습으로 나를 대해 주었기에 깊이를 알 수가 없었다. 하기야 깨달은 분이 이마에 표시를 하고 있는 것도 아니니 어찌 짐작이나 하겠는가. 도무지 어떤 내색도 없었으니 모르는 게 당연했다. 너무 평범해 보여서 그냥 마음씨 좋은 이웃 사람 느낌이었다.

스승은 큰 깨달음 후에 세상을 구하겠다는 일념으로 마음의 세계를 추구하다가, 기(氣) 수련의 대가인 어떤 분을 만나 기의 세계에도 통달하게 되었다. 하지만 어느 시점에선가 氣의 한계를 보고 이를 뛰어넘으려는 시도를 했다고 한다.

氣 수련은 마음공부의 한 방편이긴 하나 부작용도 많고, 자칫하면 무협지에 나오는 초능력 같은 신비를 쫓아가는 경우가 있기에 바람직하지가 않다.

나의 스승은 氣를 쓰는 수련 방식에서 한 걸음 나아가, 깊은 마음과 영적 씀을 추구해 찾아간 분이다. 이분은 당신의 스승을 뛰어넘은, 말 그대로 청출어람(靑出於藍)의 인물이었다. 오랜 전통처럼 氣 수련이 성행하던 시절에, 그것의 한계를 보고 대안을 찾아갔으니 보통 선각이 아니다.

나는 워낙 그런 분야에 문외한이고 관심이 없었으니 그저 그런가 보다 했다. 나야 마음이 괴로워서 찾아갔을 뿐이지, 깊이 있는 마음공부를 할 생각이 별로 없었다.

그 당시 나의 스승도 굳이 나에게 관심을 두지 않았다. 아마도 그 무렵에 내 모습이 근기 있어 보이지는 않았을 게다. 마음 내키면 아무 때나 불쑥 찾아가고, 아니면 소식 하나 묻지 않으니 참 무례한 나그네 같았을 것이다.

스승은 웬만한 근기가 아니면 잘 가르치지 않는 분이었다. 설령 제자가 되어 가르침을 받아도, 마음이 흐트러져 있거나 가르침을 의심하는 것 같으면 몇 달이고 쳐다보지 않을 정도로 엄한 분이었다. 그러니 나처럼 발등에 떨어진 불 때문에 전전긍긍하는 시원찮은 글쟁이를 제자로 삼을 이유가 없었.

스승은 제자를 두지 않았다.
스승은 제자를 두지 않는다고 말했다.
"스승은 제자를 두지 않습니다. 다만 제자가 스승을 둘 뿐입니다."
그분은 그렇게 말했다.

스승이 제자를 두지 않는 것은 참으로 현명한 처사가 아닐 수 없다. 왜냐하면 스승이 제자를 두는 순간에 오직 그 사람에게만 관심이 가기 마련이고, 다른 제자들은 홀대받는 느낌이 들 수 있기 때문이다. 또 스승이 제자를 두어 특정한 인물처럼 대하게 될 때 그 제자는 오만해질 수가 있다. 그러니 스승이 제자를 두지 않는 것이 합당하다.

누구나 스승을 따르고 가르침을 청할 수는 있겠지만, 당신께서 먼저 제자로 삼지 않겠다는 의도는 여간 지혜로운 처사가 아닐 수 없다.

나는 그런 스승이 존경스러웠다. 나이 들어 그런 분을 만났으니 얼마나 행운인가. 옛사람들이 깨닫기 위해 눈 밝은 스승을 찾아다니던 심정이 이해가 된다. 그만큼 뛰어난 스승을 만나기가 어렵기 때문이리라.

근기도 업그레이드된다고

　불교 공부를 하는 사람들은 근기(根機)[1]라는 단어가 익숙할 것이다. 진리를 추구하는 데 얼마나 기본 능력을 갖고 있는가에 따라 근기를 가늠하게 된다. 그래서 상근기인 경우에는 진리를 접하면 단숨에 뛰어들고, 중근기는 긴가민가하고, 하근기는 깔깔대며 돌아선다고 한다. 하근기는 마음공부 자체에 관심이 없고 도리어 이를 비웃는다는 의미다.

　나의 경우는 하근기까지는 아니고 약간의 중근기라고 볼 수 있겠다. 처음부터 단박에 스승을 알아보고 뛰어들지는 않았으니까. 그런데 근기도 얼마든지 커질 수 있다고 한다. 물론 공부하다가 옆길로 새면 작아질 수도 있겠다. 10년 공부 도로 아미타불이라고, 마음공부 오래 하다가 탐욕 때문에 무너지는 경우도 적지 않은 거다.

---

1) 근기(根機): 사람이 본디 가지고 있는 종교적인 힘.

내가 입문할 시절에는 마음공부나 수행이라는 표현이 대중에게 익숙한 게 아니었다. 요즘에야 인터넷이나 유튜브 같은 매체를 통해 확산이 되고 있지만 예전에는 낯선 풍토였다.

어떤 사람들은 거부감을 갖기도 한다. 내가 초기에 그랬던 것처럼 별로 관심이 없는 사람은 그럴 수밖에 없다. 마음이라고 하는 무형의 세계를 언급하면서 차원이 다른 얘기를 하니, 평범한 사람에게는 아무래도 낯설고 불편한 표현이다. 나 역시 초반에는 남편에게조차 전달이 되지 않아서 애를 먹었다.

남편은 내가 그곳에 다녀올 때마다 다소 예민하게 물었다.
"대체 거기가 뭐하는 곳인데?"
"그냥……. 뭐, 좋은 사람들이 모여서 마음공부도 하고."
"마음공부? 무슨 마음공부?"
"말 그대로 마음에 대해 배우고 추구하는 거예요."
"혹시 이상한 집단은 아닌가?"
"이상하기는. 전혀 그렇지 않아요. 여럿이 모여 독서 토론도 하고 명상도 하고……."
"명상? 무슨 명상인데?"

그게 참. 나도 명상이 뭔지 모르는데 남편이 꼬치꼬치 물을 때면 난감했다. 내가 머뭇거리면 남편은 더욱 답답하다는 표정으로 바라보았다. 이 여자가 한동안 책 판다고 돌아다니더니 이제 무슨 명상을? 마음공부를? 소설이나 쓰면 되지 뭘 또 한다고……. 그런 식이었다.

나도 그랬지만 남편 역시 마음공부 같은 걸 모르는 사람이라 이해가 어려웠다. 그래서 한동안 남편과 실랑이하다가 나중에는 설득하는 걸 포기해 버렸다. 당신이 이해를 하건 오해를 하건 나는 마음이 힘드니까 배우겠다 생각했다.

인간이 갖고 있는 관념의 세계는 단순해 보이면서도 난해한 면이 많다. 특히 굳어질 대로 굳어진 고정관념은 더 그렇다. 이것은 말 그대로 고정된 관념일 뿐인데, 그를 통해 사물을 보려 하니 제대로 보일 리가 없다. 이 세상이 혼란스럽고 갈등이 많은 이유는 각자의 관념으로 해석을 하며 자기주장을 하기 때문이다. 남편과 나의 경우가 그랬다.

우리는 각자가 가진 개념과 관념의 눈으로 상대방을 바라보며 문제를 제기했다. 그러니 당연히 내 눈에 상대방이 틀리게 보이는 것이고, 그만큼 갈등이 생겨나게 되었다.

나는 남편과 갈등을 빚으면서도 스승을 찾았지만, 생각만큼 능숙하게 접근하지 못했다. 기존에 내가 가진 마인드나 습성이 나이만큼 굳어져 있으니 그럴 만도 했다. 내 딴에는 스스로가 인간적이고 착하게 살아왔으니 모든 것은 타인들의 잘못이지 내 잘못은 아니라고 생각한 모양이었다.

스승의 가르침은 지극히 상식적이고 이성적이었다. 늘 건강한 가치관과 상식을 강조하는 분이었다. 한데 그것을 순수하게 받아들이지 못했다. 받아들이는 건 고사하고 흠이나 잡지 않으면 다행이었다.

스승께서는 일찍이 젊은 나이에 크게 깨닫고 근기 있는 제자를 바라는 분인데, 내 깜냥으로 재면서 평가하니 기가 찰 노릇이었다. 그저 내 기준과 다른 것 같으면 거부감 비슷한 감정이 일기도 해서 당혹스러웠다.

지금 돌이켜 보면 우스꽝스러운 행태가 하나둘이 아닌데, 그냥 철이 없었다고 해야 하나? 내가 모르는 분야를 배우려면 겸손하게 받아들이고 잘 배워야 하는데, 사사건건 알량한 잣대로 재고 있었으니 얼마나 유치했던가. 개 눈에는 개만 보이고 부처 눈에는 부처만 보인다는 말이 딱 맞았다. 내 수준만큼 스승을 보았던 것이고, 오랜 시간이 흐른 뒤에야 그분이 얼마나 훌륭한지 알게 되었다.

내가 그나마 스스로에게 점수를 주는 것은, 그럼에도 오랜 시간 진실한 삶을 찾고자 노력한 게 기특하기 때문이다. 세속적이고 허망한 삶이 아니라 무언가 찾으려고 애를 썼으니 얼마나 다행스러운지 모른다. 매번 내 어리석은 관념 때문에 헤매기도 했지만 진실에 대한 갈망은 놓지 않았다. 그런 내가 기특하고 감사하다.

때로 아픈 사랑아

사랑하는 사람을 만나러 갈 때
세상은 마치 아름다운 음악을 연주하는 듯했다.
하늘이 노래하고, 새들이 춤을 추고
바람이 피리를 부는 느낌이었다.

모든 것이 무지개처럼 피어나고
별빛처럼 반짝거렸다.

길가에 가로수가 빛나고
세탁소 아저씨 이마가 빛나고
민들레가 빛나고 있었다.
모든 게 반짝반짝.
내 마음도 반짝반짝.

영원히 변치 않는 사랑은 없는 걸까, 생각했다.
세월이 갈수록 깊어지는 사랑
오래 묵어서 맛있는 묵은지처럼
오래도록 은은히 깊은 사랑은…… 없는 걸까.

어릴 땐 모든 게 영원히 변치 않을 줄 알았다.
모든 게 늘 그대로 존재하리라 생각했다.
친구들이며 동네 놀이터며 기차역이 늘 그렇게 있을 줄 알았다.
그런데 시간이 흐르면서 친구들이 어른이 되고 기차역이 사라지는 일이 생겼다.

사랑도 그렇게 변하더라.
하기야 아침 마음이 다르고 저녁 마음이 다르니
사랑이 어찌 변하지 않으랴…….

사랑이 떠나가면 그 자리에 그리움이 쌓인다.
미운 모습조차 그리움으로 화해서 차곡차곡 쌓인다.

사랑하는 사람이 그리운데 만날 수 없었다.
다시는 볼 수 없게 되었다.
그는 떠나갔고 흔적이 없었으며
두 번 다시 내 눈에 띄지 않았다.
그의 마음이 변했으니까.

그의 마음이 변했는데
나는 안 변했나 보다.
그래서 미칠 것 같았다.
그리움으로 마음이 산산이 흩어져 버렸다.
빵 부스러기처럼 떨어져서 흩어졌는데
그 부스러기들이 하나같이
내게 남아 있다.

만남과 헤어짐이 자연스러운 사랑을 하고 싶었다.
서로가 서로를 묶지 않으면서
자유로운 영혼들이
만나고 헤어지기를.

당신이 떠날 때조차 격려의 박수를 칠 수 있는
깊은 사랑을 하고 싶었다.

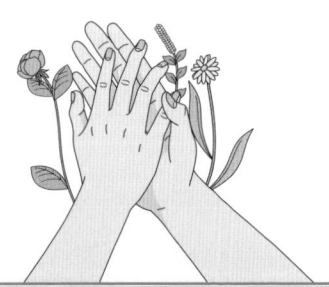

불멸의 사랑을
꿈꾸던 시절이

　누구나 사랑을 시작할 때는 영원히 변치 않는 사랑을 갈망하게 된다. 죽음이 갈라놓을 때까지, 아니 죽음조차 갈라놓지 못하는 사랑을 하고 싶으리라.

　나도 스무 살 무렵에 그랬나 보다. 그를 만나러 갈 때 가슴이 터질 듯 설레던 기억이 아직도 새록새록하다. 전화기가 귀하던 시절 그에게 편지를 써서 만날 날짜를 정하고 그 시간에 카페에서 기다릴 때, 모든 것이 '영원' 속에 정지돼 있는 느낌이었다. 모든 것이 영원을 노래하는 듯했다. 순간 속에 영원이 녹아들어, 나를 영원의 우주 속에 존재하게 했다.

　그리고 마침내 그가 문을 열고 들어오는 순간, 그가 호흡하는 공기가 내 폐부로 스며들 때 슬프도록 짜릿한 전율이 느껴지곤 했다. 훤칠한 키에 부드러운 미소를 지은 그가 나를 향해 천천히 걸어올 때, 나는 마치 동화 속 공주가 왕자를 만나는 것처럼 황홀경에 빠졌다. 아, 이 순간이 영원하기를! 그가 언제까지나 나를 향해 그윽하게 미소 짓기를……

그 시절의 사랑은 템포가 느렸다. 요즘처럼 화상 통화하고 메신저를 주고받는 것에 비하면 거의 원시인 수준이다. 편지를 한 통 써서 전달이 되려면 사나흘은 걸리기 마련이고, 답장까지 받으려면 일주일이나 열흘은 기다려야 한다. 그래서 약속이 잡히면 다행인데 그게 안 되면 다시 몇 날 몇 시에 만나자고 편지를 보내고 또 마냥 기다려야 하는 것이다. 그래도 기다림의 시간 또한 얼마나 감미롭고 설레는지 그 또한 무의미한 시간은 아니었다.

사람과 사람 사이의 만남이 가볍지 않고 소중하며 기다림의 미학이 주는 설렘이 있었으니, 어찌 보면 현대인의 사랑법보다 아름다운 건 아닐까? 금방 뜨거워지고 이내 식어 버리는 사랑이 아니라 천천히 서로에게 녹아드는 그런 사랑이 진정성 있다고 볼 수도 있겠다.

아무튼 그 시절 우리는 손 잡는 것도 조심스러워했다. 그는 늘 내게 다정하고 친절했으나 그 이상의 진전이 어려웠다. 그렇다고 서로 탐색하고 계산하는 것도 아니었다. 그저 너무 어려서 마냥 두려웠나 보다. 아니 지나치게 예의를 차리려고 했던 걸까?

그토록 다정하고 감미로운 남자임에도 나는 뜨거운 가슴과 별개로 그에게 다가서지 못했다. 너무 소중하고 아름다워서 손을 댈 수 없는 보물처럼 여겼나 보다. 너무 고전적인 사랑이었나? 그때는 그랬다.

그 당시에 그는 서울에 살았고 나는 경기도 외곽이었으니 한번 만나기가 쉽지 않았다. 그저 편지로만 내 마음을 전했을 게다. 그러다가 사소한 오해가 생기게 되었는데 그것이 이별처럼 되고 말았다. 내가 원한 것도 아니고 그가 그렇게 하지도 않았건만 시간이 점점 흐르면서 멀어져 갔다.

그를 더 이상 만나지 못하고 일 년여의 시간이 흘렀을 때, 나는 모든 게 잊히고 지워지는 것을 겸손히 받아들이고 있었다. 아니, 실은 극심한 사랑의 열병을 앓았다. 밥을 먹을 수 없을 정도로 괴로웠다. 밥이 넘어가지 않았다. 내가 몇 번 편지를 했는데 답장이 안 온 모양이다. 아, 기억이 잘 나지 않는다. 그저 그랬을 거라는 생각이 든다.

그러던 어느 날 영문을 모르는 엄마가 밖으로 나가자고 채근했던 기억이 난다. 이른 봄이었을 게다.

화려한 봄날 아지랑이가 피어오르고 하늘은 싱그럽고 평화로운 모습이었다. 들판에 냉이며 민들레가 한창 돋아나던 시기여서 엄마는 나물을 캐자고 했다. 어떻게 해서라도 딸의 마음을 일으키려고 했나 보다.

나는 슬픔을 꾹꾹 누르며 엄마를 따라 들판을 걸었다. 금세라도 고꾸라질 듯 어지럽고 기운이 없는데……. 엄마는 그런 딸이 얼마나 안타까웠을까. 왜 그러는지. 왜 밥을 안 먹는지. 무슨 생각을 하고 있는지. 무슨 일이 있는 것인지.

뭐라고 말도 못 하고 모녀는 그저 화려한 봄날에 서로의 아픈 가슴을 묻은 채로 들판을 돌아다녔다. 세상은 너무 아름다운데 내 마음은 한겨울 폭풍우를 지나고 있었다. 죽을 것처럼 괴로우면서도 무엇을 어떻게 할 엄두가 나지 않았다. 그저 사랑이 아플 뿐이었다.

그리고 어느 날, 그를 다시 만나는 뜻밖의 우연이 나를 또 한 번 흔들고 말았다. 버스를 타고 무심코 그가 사는 동네를 지나치는데, 창밖에 길을 걷고 있는 그가 눈에 띈 것이다.

얼마나 그립고 만나고 싶었던가. 가끔씩 그가 사는 동네를 지날 때면 혹시나 하고 기대하기도 했건만 이렇게 보게 될 줄이야. 그런데 꿈처럼 그를 보게 된 것이다.

그는 여전히 느릿한 걸음걸이에 엷은 미소를 띤 모습으로 걷고 있었다. 나를 설레게 했던 그 표정이 영화의 한 장면처럼 스치고 있었다.

나는 주저 없이 버스 정류장에서 내리자마자 그를 향해 달렸다. 숨이 막히도록 달려야만 했다. 그가 또 사라질 수도 있기 때문에. 이번에는 놓치지 말아야 한다고 생각했으므로.

그는 버스와 반대 방향으로 걷고 있었고, 버스 정류장은 한참 뒤에야 당도했으니 죽어라 뛸 수밖에 없었다. 그리고 가쁜 숨을 몰아쉬며 그의 팔을 붙잡았을 때, 그는 약간 놀라는 모습이었으나 여전히 해맑은 미소로 나를 바라보았다.

아, 어떻게……. 이렇게 만날 수 있지? 그동안 어떻게 지낸 거야? 혹시……. 나를 기억은 하는지? 사랑하는 여자는 생겼나? 대체 어떻게 지낸 거야.

온갖 추측과 궁금증을 억누른 채 나는 그저 그의 눈만 바라보고 있었다. 그의 손이 잠시 내 어깨를 스칠 때 나는 눈물을 참으며 희미하게 웃었다. 무슨 말이 필요할까. 할 말이 하나도 없는 것을. 그저 그가 내 앞에 있다는 것만으로 다 되는 것을. 그 짧은 순간에 나는 예전에 느낀 것처럼 영원의 시간을 만끽하고 있었다. 내 생애 전부를 압축해도 그 순간만큼 영원하지는 않으리라. 그것은 감미로움과 애틋함과 그리움이 녹아든 천상의 느낌이었다. 죽음으로도 사라질 수 없는 불멸의 사랑이 내 영혼을 파고들었다.

그때 그는 마침 친구를 바래다주는 길이었기에 나더러 잠깐 찻집에서 기다리라고 했다. 나는 그가 가리키는 길가 작은 찻집에서 그를 기다렸고, 잠시 후 그는 오래 만난 연인처럼 자연스레 내 앞에 앉았다.

그는 여전히 나를 설레게 하는 미소를 짓고 있었고, 그윽한 눈빛으로 나를 보고 있었다. 나는 그저 그 사람과 마주하고 있다는 것만으로도 지난 시간의 아픔이 사라지는 느낌이었다. 그때 어찌어찌하다 삼각관계 비슷한 일이 생겼는데 나중에 그 오해가 풀어진 것 같다. 그런데 왜 그는 연락이 없었던 걸까. 하지만 그 자리에서 물어볼 수는 없었다. 우리는 그저 처음 만나는 사람들처럼 약간은 어색하고 또 설레는 마음으로 서로를 바라볼 뿐이었다. 잠깐의 대화와 다음에 만날 것을 약속하고 우리는 헤어졌다.

그리고 며칠 후 그를 다시 만났을 때, 나는 일말의 희망을 갖고 다시 그와의 관계를 이어 가리라 생각했다. 나 혼자 그런 시나리오를 만들고 있었다. 그런데 이런저런 얘기 끝에 그가 조심스레 사귀는 여자 친구가 있다고 했다. 미안할 일이 아닌데 좀 미안해하는 모습이었다.

당연한 일이었다. 저렇게 핸섬하고 예의 바른 남자를 누가 가만두겠는가.

괜찮아요. 괜찮아……. 그래, 잘 됐네. 그럼, 그럼. 난 괜찮아요. 난 정말…….

미안해하는 그와 괜찮다고 말하는 내가 남들이 보기엔 얼마나 다정한 연인으로 보였을까.
나는 이상할 정도로 담담했다. 아마 일찌감치 예감하고 있었나 보다. 그저 그를 다시 본 것만으로도 충분했나 보다. 그리고 오해가 풀렸다면 그것으로 되었다.

그 후 우리는 다시 만나지 않았다. 나는 두말하지 않고 기꺼이 그를 보냈다. 사랑한다면 상대방을 구속할 게 아니라 자유롭게 해 줘야 하므로. 젠장, 너무 많은 소설책을 읽어서 위선을 부리는 건 아닌가? 왜 억지라도 부릴 것이지. 뭐 그리 점잖게 이별을 하는 거야? 정말 괜찮아?

그런데 정말 괜찮았다. 아쉽고 또 아쉬우면서도 나는 일말의 미련을 두지 않았다. 스무 살 무렵에 어쩜 그렇게 담백할 수 있었는지 지금 생각해도 참 기특하다. 그래, 잘했다. 잘했어. 아무렴. 그가 행복할 수 있다면 잘한 일이지. 그렇게 생각했다. 나는 두 번 다시 연락하지 않았고 울지도 않았다. 사랑은 그런 거라고 생각했으니까.

영원한 사랑만 사랑인가? 이루어질 수 없는 사랑도 사랑인 것을. 아니 어쩌면 미완의 사랑이 더 아름다운 것인지도 모를 일이었다.

가끔씩 그를 만나러 가는 꿈을 꾸기는 했다. 비슷한 테마로 반복되는 꿈이었다. 기차를 타고 숲이 아름다운 마을을 달리는데, 다음 정거장쯤에 내리면 그를 만날 수 있었다. 그런데 언제나 꿈은 기차가 터널을 지나고 들꽃이 만발한 야트막한 산을 돌아가다가 끝나곤 했다. 몇 번을 그랬다. 사랑하는 사람이 있는 마을이 바로 저기쯤인데, 늘 거기에 못 미치고 꿈에서 깨어나고는 했다.

아픈 사랑

청춘은 가벼이 흘러갔다.
영원할 줄만 알았던 사랑도
세월 지나니
희미한 추억의 그림자가 어른거릴 뿐
하나도 아프지 않더라.
괴롭지도 않더라.

 어른이 된다고 사랑을 다 아는 것도 아닌데, 우리는 스무 살 정도 되면 다 아는 것처럼 여기며 어설픈 사랑에 취해 결혼을 한다.
 나 역시 남편을 사랑한다고 생각해서 결혼을 했다. 그러고는 서로가 자기 식의 사랑법으로 상대방을 길들이려고 애썼다. 우리는 서로를 길들이려 하면서 왜 내 마음을 몰라주냐고 투정 부렸다. 남편은 나를 사랑한다고 했으나, 내가 보기에 그건 그 사람이 생각하는 사랑일 뿐 내가 원하는 모습은 아니었다. 나를 구속하고 자기 입맛에 맞기를 바라며 사랑한다고 하니 얼마나 부조리한가. 그래서 나는 싸울 때마다 당신의 사랑은 진정한 사랑이 아니라고 반박했다.

"이봐요. 내가 목이 말라서 물을 원하면 그냥 물 한 잔 주면 돼요. 그런데 당신은 장미꽃 한 다발 안겨주면서 자기가 잘한 줄 안다고. 제발……. 나는 목이 마르다고. 장미꽃이 필요한 게 아니라 그저 물 한 잔이 필요하다고."

그런 식으로 설득하고 사정했으나 어찌된 셈인지 그 간극이 좁혀지지 않았다. 아마 남편 입장에서도 그랬을 게다. 나 역시 남편이 원하는 걸 선뜻 해 준 게 아니었으니 불만이 많았다.

남자도 그렇지만 여자들이 가진 사랑의 개념은 시대가 달라져도 여전한 모습이다. 개중에는 독립적이고 주체적인 삶을 살아가며 자기만의 철학을 갖는 경우가 있으나, 대체로 드라마나 소설 속 사랑을 갈망하기 쉽다. 나 역시 어릴 때 부모로부터 받았던 사랑처럼 결혼해서도 그런 사랑을 원하지 않았을까 싶다. 하루에도 몇 번씩 변하는 게 사람의 마음인데, 영원히 변치 않는 애틋하고 순수한 사랑만을 그리고 있었다.

여자는 아무래도 사랑에 많은 비중을 두고 살아간다. 남자들은 사회적인 성공이나 정치 같은 것에 더 열광하지만 여자들은 사랑이 먼저이길 바라게 된다. 마치 사랑이 없으면 살 수 없는 것처럼 간절한데, 그 이유는 생명을 낳고 기르는 암컷의 속성이 강하기에 그럴 수 있다.

여자는 본능적으로 사랑이 있어야 생명이 유지됨을 알고 있다. 사랑 없이 어떻게 자식을 낳고 기르겠는가? 그런 애착 심리가 있어야 자식을 양육할 수 있으니 당연하다.

다만 그 속성이 나이 들면서 성숙해져야 하는데 그렇지 않은 경우가 많다. 특히 유아적인 사랑에 묶여 있을 때 어린아이처럼 사랑을 요구하게 되니, 자신은 물론 상대방도 힘들 수밖에 없다.

우리가 어릴 때 경험하고 학습한 사랑은 다분히 세상 속에서 주입된 사랑에 불과하다. 배우고 본 대로 아는 사랑일 뿐이다.

어릴 때 부모에게서 받은 사랑은 말 그대로 '받는' 사랑이다. 부모의 사랑과 보살핌이 있어야 생존을 하니 받는 사랑이 당연하다. 그러다가 사춘기가 되면 이성에게 끌리면서 '주고받는' 사랑을 배우게 된다. 누군가를 좋아하게 되면 가슴이 설레고 잘해주고 싶고……. 상대방 역시 그렇게 해 주니 주고받는 사랑을 하게 된다. 그리고 성인이 되어 결혼하고 자식을 낳으면 이번에는 '주는' 사랑을 경험한다. 자식에게 주는 사랑은 계산이 없다. 그저 줄 뿐이다. 내가 줄 수 있는 것 이상으로 주고 싶은 사랑이 자식 사랑이다.

나 또한 많은 시행착오를 거치면서 사랑이 성숙되는 과정을 걸어오지 않았을까 생각이 든다. 그래서 젊은 나이의 사랑과 결혼 후의 사랑이 다르고, 더 나이 들어서 느끼는 사랑이 다르다는 것을 알게 되었다.

나는 자식을 낳아 기르면서 사랑의 쓴맛(?)을 보게 되었다. 하나의 생명을 잉태하고 기르는 게 보통 일이 아니었다. 그런 혹독한 과정 속에 절절한 사랑이 또한 배어 있으니, 자식은 눈에 넣어도 아프지 않다는 말도 있게 된다.

나 역시 하나뿐인 아들에게 사랑을 쏟았다. 하지만 아이가 어릴 때 나는 그렇게 좋은 엄마는 아니었다. 나 하나도 주체를 못하는데 아이까지 혹처럼 붙어 있으니 날벼락을 맞은 심정이었다.

철없이 결혼해서 출산을 했으니 얼마나 당황스럽던지. 출산의 고통도 끔찍했지만 육아는 더욱이 전쟁 같았다. 갓난애가 도무지 엄마 손에서 떨어지지 않으니 달리 방법이 없었다. 젖을 물리고 잠을 재우면 자야 하는데, 눕히기만 하면 자지러질 듯이 울었다. 묘하게 해가 지면 더 그랬다. 밤이면 잘 자야 하는데 울기만 했다.

밤새 칭얼거리는 아이를 끌어안고 재워 보다가 업다가 다시 재우다가, 새벽이면 둘 다 지쳐 쓰러지고 말았다. 백 일 동안 유난히 그랬는데 아마도 아이는 엄마의 불안과 스트레스를 예민하게 감지했던 모양이다.

그 시절에는 일회용 기저귀가 귀해서 시골에 살던 나는 날마다 천 기저귀 빠는 게 일이었다. 세탁기도 없으니 마당의 수돗가에서 일일이 빨래판을 써서 손빨래를 해야 했다. 한번은 대낮에 아이 자는 틈을 타서 빨래를 하는데 방에서 우는 소리가 들려왔다. 뭐 조금 울다가 그치려니 하고 빨래를 하는데 울음소리가 점점 커졌다.

아이 울음소리가 커지는 만큼 마음도 초조해졌다. 그냥 들어가자니 빨래를 마저 해야 한다는 생각이 있어서 선뜻 일어나지도 못했다. 이러지도 저러지도 못하면서 슬슬 짜증이 일었다.

오기 부리듯 이를 앙다물고 빨래판에 기저귀를 북북 문지르는데 아이 울음소리는 수그러들지 않았다. 순간 화가 치밀면서 모든 것을 집어던지고 싶었다. 이놈의 신세라니! 이렇게 살아야 하다니. 그냥 대문을 벗어나 어디론가 아주 멀리 가고 싶었다. 이 모든 것을 벗어나 멀리 자유로운 세상으로 갈 수만 있다면.

그러면서도 한편으로 아이를 달래야 한다는 조급함이 일었다.
결국 빨래를 대강 하고 방으로 뛰어 들어가니 아이 얼굴이 시커먼 흙빛이 돼 있었다. 금세라도 숨이 넘어갈 듯 울고 있었다. 미안하기도 하고 속도 상해서 미칠 것 같았다. 아아, 대체 너는 뭐냐! 네가 뭐길래 이렇게 나를……. 그리고 나는 뭐냐? 나는 왜 살고 있느냐? 혼란과 절망 속에서, 안쓰럽고 속상한 마음에 새파랗게 질린 아이를 안고 울어 버렸다.

사랑이 아팠다. 아프기만 했다. 철없는 시절에 경험한 사랑은 많이 아팠다는 생각이 든다. 자식에 대한 것도 그렇고 남편에 대한 사랑도 그랬다. 어쩌다 친정에 가면 느끼는 늙은 부모에 대한 애틋함도 마찬가지였다. 내 인생이 미로에 갇혀 있는 형국이었으니 모든 게 아픔으로만 다가왔다. 도무지 벗어날 길이 보이지 않았다.

산다는 게 아무것도 아닌데 나를 꼼짝 못 하게 하는 거 같아서 견디기 힘들었다. 어디로 어떻게 가야 하는지 알 수 없었다. 누구도 가르쳐 주지 않았다. 마치 벼랑 끝에 한 발로 서 있는 것처럼 삶이 위태로워 보였다.

참된 사랑에
대하여

　사랑의 판타지는 스무 살에 머물러 있었고, 나는 철없이 삶에의 갈증을 사랑으로 채우려 했나 보다. 어디로 어떻게 가야 하는지 모르는 채, 그저 누군가 사랑해 주면 된다고 생각한 모양이었다. 나를 사랑해 달라고, 나를 자유롭게 해 달라고 조르고 있었다. 그러나 현실은 냉정한 표정으로 내가 현명해지기를 원하고 있었다.

　나는 나 자신을, 내 삶을 어떻게 대해야 하는지 몰랐다. 나 스스로에 대해서나 내 삶의 방향에 대해 모른 채 살아가고 있었다. 거친 물살에 떠 있는 종이배처럼 이리저리 휩쓸리며 떠내려가고 있었다. 나의 삶을, 나의 모든 것을 존엄하게 여길 줄 알았더라면! 내가 살아서 존재함이 아름답다고, 아니 아름답게 만들어 가야 하는 걸 알았더라면 좋았을 텐데 그때는 몰랐다.

나는 나를 얼마나 사랑했을까.
내가 지칠 때 따듯한 위로를 건넸을까?
서툰 엄마 역할을 할 때 괜찮다고,
그렇게 시행착오를 겪으며 성숙해지는 거라고
한 번이라도 격려해 주었을까?
그저 내가 못나 보이고
나만 형편없는 사람 같고
내 현실은 비참한 것 같고
내 미래는 아무것도 없다고
수시로 자책하고 절망하면서
나를 무너뜨린 건 아니었나?
한 번이라도 나를 일으켜 보려고
아니 한 번이 아니라 매일 그렇게
마음을 일으키고 또 일으켜야 하는 건데
툭하면 나를 몰아세우지 않았나?

나는 나 자신을 사랑할 줄 몰랐다. 나를 사랑으로 돌보지 못했다. 그러고는 남편이나 자식에게 이것저것 요구하며 내 마음 몰라준다고 푸념만 했다.
　내가 나를 사랑하지 않으면 많은 부분에서 어그러지게 돼 있다. 자기 사랑이 되지 않으면 그다음 진전이 어렵다. 철없는 여인네들이 영문 모르게 화나 짜증이 나고 우울해지면, '나'에 대한 돌봄에 소홀해져 있다는 신호로 봐도 된다.

특히 결혼하고 육아에 시달리는 경우에 이런 부분을 잘 살펴볼 필요가 있다. 출산하고 양육을 하는 과정에서 여성들은 어미로서의 사랑을 시작하는 동시에, 나라는 존재의 정체성에 혼란을 겪는다. 그런 과정을 순일하게 거치는 경우도 있겠으나 나 같은 경우에는 많이 어려웠다.

진정한 사랑은 내가 나를 돌보는 것에서 시작이 된다. 이것은 누구에게나 해당되는 것이기도 하다. 내가 내 마음을 돌보고 내 몸을 돌봐야 한다. 마음과 몸이 건강하게 살아날 수 있도록 노력할 필요가 있다.

마음을 다해 나를 돌보며 사랑하는 것은 그저 단순히 "수고했어." "고마워." "열심히 해 보자."식이 아니다. 마음으로 깊이 나를 살피며 삶을 통찰할 수 있어야 한다. 바람직한 삶의 방향을 찾아가고자 할 때 내가 행복하고 가족이 행복해진다.

더구나 엄마가 되어 생명을 낳아 기르는 것은 숭고한 행위다. 이 세상 많은 엄마들이 위대하고 숭고한 역할을 하고 있는 것이다. 그런 나를 정성껏 돌보는 일이 얼마나 중요하겠는가.

어쩌다 어른이 되어 엉겁결에 엄마가 되면 당혹스럽기도 하지만, 내 품에서 잠든 아이를 바라볼 때 느끼는 희열은 말로 표현하기 어려울 정도다. 하나의 생명이 내게로 와서 사랑을 속삭이고 있음에 어찌 외면할 수 있으랴. 어미의 사랑을 먹고 크면서 또한 나에게 사랑을 가르쳐 준 생명에 어찌 감사하지 않겠는가. 이것은 생명의 잉태가 주는 감동의 선물과도 같다.

이따금 TV에서 사나운 호랑이나 악어가 제 새끼에게 헌신적인 모습을 보게 된다. 말없이 위험을 무릅쓰고 새끼를 길러 내는 모습이 얼마나 눈물겨운지. 그 절절한 사랑이 마음을 울린다. 사랑은 온갖 생명들 속에 그렇게 배어 있다.

결국 우리는 이 우주가 온통 사랑이라는 것을 뭇 생명을 통해 알아차릴 수 있다. 이 우주는 사랑으로 서로를 살리며 이어져 있다. 마치 보잘것없는 강아지 똥이 민들레가 되고 호박이 되기도 하는 것처럼. 모든 생명이 사랑이 아니고는 존재할 수가 없다는 의미다.

예전에 나의 할머니나 엄마는 강아지 똥도 알뜰하게 챙겨서 호박 주변에 묻어 주었다. 그러면 나중에 얼마나 맛있는 호박이 주렁주렁 열리는지! 그래서 이 우주에는 낭비가 없고 무의미한 것이 없다고 생각한다. 강아지 똥이 곧 사랑이요 생명인 것을. 하물며 인간이 오죽할까. 인간의 삶이 오죽 소중한가. 그러니 내가 나를 소중하게 여기며 사랑해야 비로소 존재의 의미가 살아나게 된다.

내 심장이 밤낮으로 쿵쿵 뛰는 것도 사랑이요
내 위장이 열심히 음식을 녹이는 것도 사랑이라.
내 호흡이, 내 눈빛이 사랑이요
내 삶 전체가 사랑이니
이를 어찌 함부로 대할 수 있는가.
나를 어찌 별 볼 일 없다 하겠는가.

그렇게 조금씩 사랑을 배우며
사랑을 성숙시키며
삶이 성숙해지는 것을.

하늘나비의 사랑

며칠째 장맛비가 내리고, 산 밑에 작은 집 마당에도 빗물이 흥건히 고여 있었다. 굵은 빗줄기가 조금씩 약해지고 천둥소리가 사라질 무렵, 고양이 한 마리가 마당을 가로질러 가는데 입에 물고 있던 뭔가를 떨어트리고 말았다.
고양이는 잠시 주춤하는 듯하다가 이내 풀숲으로 사라졌다. 대체 무얼 떨어트린 걸까.

호기심 반 기대 반으로 마당에 내려가니 생쥐 같은 물체가 늘어져 있었다. 혹시……? 아, 그런데 그것은 생쥐가 아니라 새끼 고양이었다. 대체 무슨 사연이 있는 걸까. 비가 너무 와서 고양이 집에 물이 찼을까. 그래서 새끼들을 옮기던 중이었는지도.
그냥 놔두면 어미가 다시 물고 갈지 모르지만 어미는 나타나지 않았다. 새끼 고양이는 비에 젖은 채 움직일 줄 몰랐다. 그냥 둬야 할지 말아야 할지 생각하다가 아무래도 안 되겠다 싶어, 방으로 데려가 털을 말려 주고 따스한 옷으로 새끼 고양이를 감싸 주었다.

그 녀석이 바로 하늘나비였다. 하늘에서 내려온 고양이라서 하늘나비가 되었다. 어느 날 하늘에서 툭 떨어진 거나 다름없었으니까. 그래서 하늘나비— 하비가 되었다.
하비는 너무 작아서 한 손에 담아졌다. 180그램! 겨우 180그램이었다. 게다가 애꾸눈이었다. 한쪽 눈만 겨우 뜨고 있었는데 너무 연약해 보이고 가여웠다. 매정한 어미 같으니라고. 아니, 죽을 줄 알고 포기했겠지. 어미 마음이야 오죽했을까.

그런데 다행스럽게도 하비는 잘 자라 주었다. 작은 젖병에 분유를 타서 입에 물리면 열심히 먹었다. 생존을 위한 눈물겨운 싸움이 시작된 거다. 애꾸눈만 아니라면 참 예쁠 텐데.
어미가 한창 혀로 핥아 줄 시기인데…… 하비에게도 그게 필요했다. 그래서 손수건에 침을 묻혀서 하비의 눈을 닦아 주었다. 어미처럼. 일말의 희망을 품고.

그렇게 며칠이 또 흐르고, 어느 날 아침 하비의 감긴 눈을 침으로 닦아 주는데…… 아, 녀석의 애꾸눈이 동그랗게 떠지고 있었다.
오, 그 맑은 눈망울이라니! 하비는 애꾸눈이 아니었던 거다.
하비는 초롱초롱한 두 눈으로 나를 바라보았다. 그 눈빛은 맑고 희망찬 모습이었다. 너무 사랑스러웠다. 눈물이 날 만큼.

하비와 나는 한참 동안 말없는 대화를 나누었다. 눈빛과 눈빛으로 하비는 내 얼굴을 바라보며 한참이나 말을 했다. 초롱한 눈망울로 나에게 속삭였다.

사랑스런 하비는 그렇게 기이한 인연으로 만나게 되었다. 녀석은 개구쟁이였고 호기심이 많았다. 언제나 장난치는 걸 좋아하고, 구석진 곳 여기저기에 똥을 누면서 건재함을 과시했다.

하비는 나를 엄마인 줄 알았다. 내 품에서 잠들고 장난치고 내 얼굴을 핥았다. 하비가 조금 컸을 때 커다란 고양이 두 마리가 대문 앞에서 한참 동안 하비를 바라본 적이 있었다. 어쩌면 녀석의 부모가 아니었을까 싶기도 했다. 그렇지만 하비는 나만 졸졸 따라다닐 뿐 그들에게 관심을 두지 않았다. 나 역시 하비를 선뜻 야생으로 돌려보내고 싶지 않았다.

그렇게 일 년쯤 세월이 흘렀을 때…….
하비의 눈동자는 여전히 맑고 초롱초롱했지만 조금씩 야생의 본능이 살아나는 듯했다.
하비는 어느 날부터인가 자유롭게 집 밖을 들락거리더니 새끼를 가졌고, 어느 날 더 이상 보이지 않게 되었다. 그의 어미처럼 어느 숲에선가 새끼를 낳고 키우는 모양이었다.
꼭 한 번만이라도 보고 싶었지만 수년이 지나도록 돌아오지 않았다.

나는 때때로 그런 생각을 한다.

내가 사랑한 사람들, 내가 사랑한 하비, 몇몇 소중한 친구들, 마음씨 고운 이웃들……. 그렇게 잊고 싶지 않은 존재들과 어느 세상에선가 함께 모여 살고 싶다는 생각을 해 본다.

조무래기 친구들, 첫사랑의 설렘을 안겨 준 사람, 먼저 세상을 떠난 벗들, 엄마, 아버지……. 그네들이 어디에선가 기다리고 있을 것 같은 생각이 든다. 그래서 언젠가 만나리라고.

쓸쓸하고도
아름다운 인생

 어릴 때부터 나는 혼자 잘 놀았다. 오빠들이야 여동생과 나이 터울이 많으니 자기들끼리 어울리고, 남동생은 너무 어렸으니 자연스레 나 혼자 놀게 되었다. 가끔 이웃집 친구와 공기놀이도 하고, 봄이면 나물 캔다고 들판을 쏘다니기도 했으나 대개 혼자 잘 놀았다.

 내가 혼자 잘 노는 것 중에 또 하나는 친척 오빠네 집에 가서 이것저것 읽는 거였다. 내가 사는 곳에서 논길을 따라 한참을 가노라면 친척 집이 있었는데, 그 집에 갈 때마다 친척 오빠가 갖고 있는 글 모음집을 즐겨 읽었다. 그 오빠가 군대 제대할 때 동료들이 써 준 글 모음이었는데 그게 재미있었다. 그래서 그 집에 갈 때마다 매번 그걸 꺼내어 읽었다. 그 오빠와 나이 차이도 많아서 내가 놀 상대는 아니었으니 그저 매번 그것만 읽다가 집에 돌아오곤 했다. 그럴 때마다 친척 오빠가 날 보고 재미있다는 듯 웃던 모습이 떠오른다. 내가 생각해도 좀 특이했다. 한두 번 읽으면 그만일 텐데 갈 때마다 그걸 읽었으니 참.

 그런가 하면 초등학교 다닐 때 친구집에 놀러가면 그 친구와 노는 대신에 책을 읽었다. 동화책을 주로 읽었던 기억이 난다. 그러면 친구가 왜 놀러 와서 자기랑 놀지 않고 책만 보냐고 투덜거렸다. 그래도 난 책 읽는 게 좋았다.

 어릴 때 나의 고향은 기차역이 멀리 있었고, 대여섯 가구가 옹기종기 모여 있는 철길 옆 작은 동네였다. 그리고 철길 건너편에는 미군 부대가 철조망 안에 자리 잡고 있었다. 어쩌다 그 근처에서 놀다 보면 미군들이 초콜릿이나 사탕을 던져 주기도 했다. 한적한 시골이었지만 그래도 아이들이 꽤 있어서 여름밤이면 늦도록 뛰어다니면서 반딧불이를 잡기도 했다. 그때는 마치 발에 스프링이라도 달린 것처럼 가볍게 날아다닌 느낌이다.
 그러다가 아버지가 직장 때문에 타지로 전근 가는 바람에 내가 태어난 고향을 떠나게 되었다. 아마 초등학교 4학년 정도였을 게다. 늘 내가 익숙하게 뛰놀던 동네를 떠나는 게 실감이 나지 않았다. 그래도 현실을 받아들일 수밖에 없었다. 이삿짐은 따로 보내고 엄마와 할머니와 함께 기차를 타고 가야 했다.

 기차 시간을 맞추느라 허둥지둥 뛰다시피 해서 겨우 기차에 몸을 실었다. 내가 살던 집과 기차역이 꽤 떨어져 있어서 한참을 뛰었다.
 가쁜 숨을 몰아쉬며 겨우 한숨 돌리고 기차가 막 출발할 때 나는 그만 울고 말았다. 아주 많이 울었다. 고향을 떠나는 것이 어린 나이에 몹시 싫었다. 알 수 없는 타지로 가는 것이 어린 나에게 힘겨웠나 보다.

 친구들과 뛰놀던 기차역 주변이며 멀리 내가 자주 가던 만화방 문방구 친구네 집…… 이 모든 것을 떠나는 것이 몹시 낯설고 가슴 아팠다. 인생이 제멋대로 굴러가는 것을 이해하기 어려운 나이였다. 내가 원치 않는 방향으로 얼마든지 가 버린다는 걸 어린 나이에 깨달았다.
 인생이란 아무것도 알 수가 없고, 어느 순간에 제멋대로 휙! 휙! 엉뚱한 방향으로 틀어져 가 버리는 것을 어떻게 이해해야 하는지. 어린 나이에 그런 게 버거워서 기차를 타고 가며 마냥 울었다.

 어쩌면 아버지도 가슴 깊은 곳에 묻어둔 향수(鄕愁)가 있었음이라. 당신이 오랫동안 살던 곳을 떠나 객지에서 적응하며 서글픈 향수에 젖었음직 하다. 내색은 하지 않았으나 가끔 고향에 다녀올 때면 막걸리에 얼큰하게 취해서 집에 오곤 했다. 아버지 얼굴에 묻어 있는 그 서글픈 표정이 잊히지 않는다.

언젠가 아버지와 함께 고향 친척 집에 다녀온 적이 있는데, 그때 밤 기차를 타고 쓸쓸히 집으로 돌아가던 기억이 난다. 썰렁한 기차에 사람들은 거의 없고, 아버지는 술기운에 눈을 감고 덜컹거리는 기차와 함께 흔들리고 있었다. 나는 그런 아버지 곁에 앉아서 캄캄한 바깥 세상을 흘려보내며 알 수 없는 고독감을 느꼈다.

세상은 어둡고 멀리 거무스름한 산자락 밑에 희미한 불빛을 보고 있자니, 저기 사는 사람들은 얼마나 외로울까 생각이 들었다.

어린 나이의 내게 삶은 낯설고 어렵게 다가왔다. 다들 아무것도 모르는 채 거대한 물살에 휩쓸려 떠내려가는 듯했다. 내가 원한 것이든 아니든 온전히 내가 짊어지고 가야 할 몫이 있음을 어린 나이에 눈치챘던 것 같다.

삶은 때로 가볍고 아무것도 아닌 것처럼 보이다가도, 어느 순간 묵직한 회색빛으로 무방비 상태의 나를 덮친다. 어느 순간 그렇게 느낄 때가 있다. 그것은 유년 시절의 한 장면이 회상 되기도 하지만, 어른이 되어서도 가끔 그런 느낌이 엄습할 때가 있다.

나는 그 낯선 세계에 닿을 때마다 삶의 실체가 내 영혼을 건드린다는 생각이 든다. 그럴 때가 가끔 있다. 가령 어느 날 문득 길을 걸으면서 모든 게 낯설게 다가온 적이 있었다. 내가 존재하는 것조차 낯설게 느껴졌다.

어느 날, 태양은 밝게 빛나고 있었고 젊은 연인들과 활기찬 청소년들이 거리를 오가는데, 그 속에서 나는 혼자였고 모든 게 낯설게만 보였다. 나는 분명히 군중 속에 있었고 복잡한 건대 앞 사거리에서 자동차와 사람들과 상점들에 둘러싸여 있었는데, 마치 고요한 세상 속에 혼자 있는 느낌이었고, 모든 게 낯설었으며, 아무도 나를 알지 못한 채 날 지나치고 있었다.

그와 비슷한 느낌의 순간이 또 있다. 아이가 초등학교 다닐 때 가을 운동회가 있어서 김밥을 싸 가지고 학교에 갔던 때였다. 운동장에는 사람들이 넘쳐 나게 있었고, 만국기가 바람에 펄럭이며 춤을 추었다. 아이들이 뛰어다니며 소리 지르고, 솜사탕 장수가 아이들을 부르고, 어린애가 울기도 하고, 스피커에서는 운동회 진행을 알리는 학교 선생 목소리가 들리고……. 그런데 나는 왜 모든 게 낯설었는지.

이윽고 점심 시간이 되어 더욱 사람들은 엉키고, 서로 가족들 찾느라 부르는 소리에 정신이 하나도 없었다. 나 역시 같은 반 엄마와 아이들을 찾기 위해 이리저리 돌아다녔다. 그런데 그 시끄럽고 번잡한 곳에서 외로움을 느꼈다. 몹시 시끄럽고 정신이 없는데 오히려 고요한 세상 속에 홀로 서 있는 느낌이었다. 그것은 단지 슬픔이라고만 표현할 수 없는, 낯설고 쓸쓸한 느낌이어서 지금까지도 기억이 난다.

우리에게 삶은 한편으로 단순해 보이고 시시할 때도 있지만 그게 전부는 아니라고 생각한다. 단조로운 일상의 틈바구니에서 어떤 순간, 내 깊숙한 곳을 건드리며 하나의 물음이 던져지기도 하니 말이다.

어쩌면 그것은 삶의 진실에 대한 메타포(metaphor)가 아닐까 싶다. 내 눈에 보이는 세상의 현상 속에서 그 이면을 보라는 암시 같다는 생각이다. 그저 눈에 보이는 현상으로만 이해하고 느끼던 것에서 한 걸음 들어가면, 낯설지만 새로운 세계— 삶의 진실과 이상(理想)이 숨쉬는 정신적 세계가 있음을 말하고 있다.

그것은 나로 하여금 삶에 대해 더는 두려워하거나 외면하지 말고 뛰어들라는 격려 같기도 해서, 어린아이처럼 머뭇거릴 때 손을 내미는 것과 같은 모습으로 느껴진다. 그것이 조금은 생경한 마음의 세계이나, 한편으로 인간이 닿을 수 있는 순수하고 아름다운 세계라는 생각이 든다. 즉, 그것은 죽음도 두렵지 않으며 사랑이나 이별조차 승화될 수 있음을 말하는 건 아닌지.

인생이라는 낯선 길을 걸어가며 부딪히는 모든 것들이, 그 이면을 들여다보는 이에게는 뜻밖에 선물 같은 것일 수 있다는……. 비록 그것이 슬픔일지라도 승화된 어떤 모습이고, 죽음일지라도 허무가 아니라는(삶의 진실이 주는) 위로가 아닐까.

사랑이
떠나가면

 팔순 노모가 암에 걸려 사경을 헤맬 때 죽음은 좀 더 분명한 실체로 다가오는 듯했다. 그것은 낯설고 어두운 색채로, 목련이 피어나는 싱그러운 사월의 모습은 아니었다. 하지만 나는 그럴수록 죽음에 대해 초연해지고 싶었다. 더구나 나의 엄마를 낯선 세계로 보내야 하는데 어쩔 셈인가. 얼마나 많은 사람들이 이 순간에 죽어가고 또 한편으로 태어나는가. 그것이 세상의 순리임을 담담하게 받아들이고 초연할 수 있으면 좋겠다고 생각했다. 그래서 나는 자꾸 단단한 마음을 가지려고 애썼다.

 나의 엄마는 만신창이가 되어 있었다. 고려대 병원 중환자실에 누워 있는 엄마를 보는 순간, 나는 복잡한 심경과 함께 엄마의 일생이 주마등처럼 스치는 걸 느끼고 있었다. 엄마의 소녀 같은 미소와 흥에 겨워 노래 부르던 모습이며, 한복을 입었을 때 단아한 몸매가 사랑스러웠던 그녀. 나의 엄마. 어릴 때 밖에서 놀다가 엄마 품에 안기면 앞치마에서 전해지던 고소하고 달콤한 엄마의 냄새, 엄마의 따뜻한 손…….

그런데 이제 그녀는 더 이상 나의 사랑스런 엄마가 아닌, 먼 나라 이방인처럼 낯설게 누워 있었다. 사경을 헤매고 있는 엄마는 똥오줌 못 가리는 어린애처럼 기저귀를 차고, 사지를 벌린 채 널브러진 모습이었다. 목에는 주사 바늘이 꽂혀 있고, 환자복은 배설물로 흠씬 젖어 있었다.

'엄마야~'

속으로 애타게 부르지만 엄마는 다른 세상 어디에선가 헤매고 있는 듯 보였다.

엄마는 행복해지기 위해 얼마나 애를 썼던가! 아니 그것은 행복에 대한 갈구가 아니라 그저 생존이었다. 살아남기 위해 많은 여인네들이 그랬던 것처럼 엄마도 그랬다.

가난과 전쟁을 견디고, 청상과부인 시어머니 눈총을 견디고, 불 같은 성격의 남편을 견디며 평생을 살아왔다. 그리고 팔순의 늙은 엄마는 저승길에 들어서기 위한 채비를 하고 있었다.

엄마가 지나온 삶의 궤적은 종종 어렵고 힘겨운 시간들이었음이라. 그 여정 속에서 당신이 붙잡고 애쓰며 키운 자식들이 어느새 중년이 되었고, 엄마는 어미의 역할, 아내의 역할을 마치고 떠나는 중이었다. 그런데 안타깝게 마지막 모습이 자식들에게 괴로움이 되었으니 당신 마음은 또 어떠랴.

  우리 사 남매는 조금이라도 엄마를 이 세상에 머물게 하기 위해 온갖 구실을 갖다 붙였다. 머지않아 증손주가 초등학교 입학을 하니 그때까지만 사셔라, 둘째네 딸애가 곧 출산을 할 예정이니 그때까지만…… 하는 식이었다. 그럴 때마다 엄마는 반짝 기대를 하는 모습이었으나 멀찍이 어른거리는 저승사자를 뿌리치지 못했다.
  엄마는 결국 봄이 오는 어느 날 홀연히 사라져 버렸다. 봄바람이 불고 꽃들이 수줍게 꽃망울을 터트릴 때 사뿐히 떠나 버렸다. 큰오빠가 대학병원에 시신 기증을 약속해 놓았으므로 장례식도 생략된 채 그렇게 끝나 버렸다. 조카들이 서운해하기도 했지만 차라리 잘된 거라고 생각했다. 그래, 이별은 재빨리 치루는 게 좋은 거다. 가슴은 쓰리고 아팠지만 견딜 만했다.

  엄마가 떠난 후 일상에서 가끔 생각이 난다.
  세수하다가 문득 엄마 생각이 날 때도 있다.
  엄마는 나이 들수록 깨끗해야 한다고 했다.

나이 들어서 냄새나면 안 된다고.

그런데 이제 냄새나는 엄마가 그립다.
냄새가 나도 괜찮으니 엄마가 곁에 있으면 좋겠다.
엄마는 이제 이 세상에 있지 않다.
저 세상에 있다.
저 세상 어디쯤인지는 알 수가 없다.
이 세상과 저 세상의 거리가 어느 정도 떨어져 있는지
서울과 뉴욕쯤의 거리인지
울릉도와 인천 정도 떨어져 있는지

이 세상과 저 세상의 거리가 얼마 정도인지 궁금하다.
닿을 수가 없다. 아무런 방법이 없다.

엄마를 한 번만 볼 수 있으면 좋겠다고 생각해 본다.
엄마 손을 한 번만 잡을 수 있다면.
그때, 그때 한 번 더 잡았어야 했을까?
한 번 더 잡았으면 이토록 그립지는 않을까?
엄마 얼굴을 만져보고 싶다. 주름진 엄마 얼굴.
엄마의 희미한 미소…… 사무치게 그리울 때가 있다.

소설 같은
인생들

　누구의 인생이나 한 편의 소설 같다. 아무리 평범하게 살아온 사람도 그 내막을 들여다보면 소설 같은 일이 한두 가지씩 있기 마련이다. 나의 형제나 친척도 그렇고 어릴 적 친구들도 그렇다. 참 단순하고 뻔한 인생살이인데 어쩜 그렇게 에피소드가 많은지. 그래서 한편으로 뻔해 보이는 인생을 자꾸 살아가게 되나 보다. 너무 뻔하게 짚어지는데 그럼에도 혹시나 내년에는…… 하면서 살아가게 된다.

　나는 젊은 시절에 엄마처럼 살고 싶지 않다고 생각했다. 어린 나이에 봐 온 엄마의 일생이 너무 뻔해 보였기 때문일까. 한편으로 시시하고 볼품없게 생각했나 보다. 나뿐만 아니라 대부분의 딸들이 엄마처럼 살지 않겠다고 공언하기가 쉽다. 아무래도 시대가 변하게 되면 과거 어르신들 사고방식이나 생활 태도가 마음에 들지 않는다. 고리타분해서 답답하기도 하고, 왜 저렇게 살지? 하는 불평 아닌 불평이 생기기도 한다.

내 엄마의 일생도 훑어보면 애잔한 사연이 한두 가지가 아니다. 나의 엄마는 딸만 여섯인 집안에서 다섯째로 태어나, 어릴 때 고향을 떠나 객지에서 무척 고생을 했다고 한다. 나의 외조부께서 딸만 여섯이다 보니 그만 실망이 컸던지 고향의 전답을 팽개치고 타향살이를 하게 되었다. 그러고는 이리저리 떠돌다가 큰딸부터 출가를 시켰고, 덕분에 어린 딸들은 고생이 이만저만이 아니었다.

그러는 중에 외조부가 돌아가시고 졸지에 과부가 된 나의 외할머니가 행상을 하며 겨우 살았던 모양이다.

이 집 저 집 돌아다니며 참기름이나 옷가지를 팔지 않았을까 싶다. 전라도가 고향인 분이 경기도 동두천까지 갔으니 거의 전국을 헤맨 셈이었다. 그때 노총각이던 나의 아버지가 동두천에 살고 있었다. 아버지 역시 일찍 과부가 된 어머니와 사 남매의 맏이로 어려운 시절을 살고 있었는데, 혼기가 되니 나의 외할머니가 열여덟 살 다섯째(나의 엄마)를 맡기다시피 했을 것이다.

엄마 얘기를 들으면, 어느 날인가 당신 모친을 따라 낯선 집에 가서 하룻밤 묵게 되었다고 한다. 그때 엄마는 열이 몹시 나고 아팠다고 한다. 아마도 어떤 운명 같은 걸 느끼지는 않았을까 싶다. 낯선 집에서 몸살을 앓으며 다가오는 삶의 무게를 눈치챘으리라. 그러는 중에 열이 펄펄 나는 엄마를 낯선 사내가 이마를 짚어 보며 걱정을 하더란다. 그런 인연이 나의 엄마와 아버지가 만나게 된 사연이다.

요즘 생각하면 무슨 드라마도 아니고, 이게 실화냐? 할 정도다. 딸만 여섯이라고 실망해서 고향의 논밭을 팽개치고 떠돌던 외조부도 답답하고, 그저 손만 닿아도 혼인을 하던 시절이니 뭐라고 할 말이 없다. 시절이 그럴 때이니 달리 문제 삼을 것도 안 되고. 그렇다고 요즘 사람들처럼 연애하고 동거하고 그러다가 결혼해서 꼭 잘 사는 것도 아닌 걸 보면, 원시 시대 같은 나의 부모 인연도 굳이 아니라고 할 수가 없다.

그렇게 시작된 엄마의 삶이 얼마나 신산했는지 두말할 필요가 없으리라. 열여덟 살 새댁이 견뎌야 했을 시집살이가 눈에 선하다. 더구나 나이 마흔에 과부가 된 시어머니가 얼마나 어려웠을까. 내가 어릴 때에도 할머니의 매서운 눈초리를 자주 느꼈으니 엄마의 고된 삶이 공감이 된다. 세상에 수많은 엄마들의 삶을 생각하면 가슴이 아프다. 그러니 엄마처럼 살기 싫다는 생각을 할 수밖에 없다.

나의 엄마는 당신이 선택하지 않은 운명 속에서 평생을 살았지만, 천성이 소녀처럼 고와서 자식들에게 깊은 사랑을 안겨 주었다. 자식이라면 살점이라도 베어 먹일 정도로 사랑이 컸다. 호랑이 같은 시어머니와 남편 사이에서 사 남매를 잘 키워 낸 공로만으로도 엄마의 삶은 위대했다.

나는 엄마처럼 살고 싶지 않다고 했지만 엄마의 삶을 인정하고 존중한다. 너무 늦게 깨달아서 안타까우나, 척박한 시절에 태어나 그만큼 애쓰고 노력한 공로를 인정 안 할 수 없다.

다만 나는 한 인간으로서 살아야 할 이유라든지 삶의 의미를 찾고 싶었을 뿐이다. 그런데 나 역시 결혼해서 자식을 낳고 살아 보니, 엄마가 갖고 있는 여자의 속성을 크게 벗어나지 못했음을 알게 되었다. 어른으로서 갖는 책임감의 무거움을 느끼면서도, 한편으로 사랑받기를 갈망하는 여자의 속성이 수시로 작용했다.

누구나 어른이 되고 부모 입장이 되기도 한다. 그렇게 되면 당연히 그에 따르는 의무와 책임감이 생기기 마련이다. 나도 가정에 대한, 자식에 대한 책임감을 갖고 있었다. 한데 그 책임감이 무겁다 보니 자연히 일상이 무거워졌다. 아마 대다수 사람들이 이런저런 책임감으로 짓눌려 있지 않을까 생각한다.

그런데 내 삶 전체를 통찰하며 한 발 더 들어가면 다른 측면이 보이게 된다. 그것은 내가 느끼는 역할의 의무나 책임감이 실제로는 나를 성장시키는 과정임을 알게 될 때 그렇다.

부모 입장이든 자식의 입장이든 마찬가지다. 학생이거나 직장인이거나 무수한 역할이 우리에게 주어진다. 늙어 가는 순간까지 어떤 역할이든 해야 하고 책임감을 갖게 될 텐데, 이를 단지 무겁게만 받아들이면 결국 삶 전체가 무거워지고 만다.

나의 경우 주어진 여러 역할에서 자유로울 수 있었던 것은, 역할의 무거움에 대한 압박에서 벗어나 나를 변화시키는 동기로 받아들이면서부터였다. 엄마의 역할이든 아내의 역할이든 책임이 따르지만, 그 속에서 내가 변화, 발전하게 되면 얼마든지 즐겁고 자유로울 수가 있다. 더구나 내가 삶의 진실을 찾고 삶을 통찰하게 되니, 어느 시점에서부터인가 가족의 멘토 역할을 하게 되었다. 그래서 참 다행스러웠다.

결국 우리는 주어진 역할 속에서 나 자신을 성장시킬 수 있어야 하며, 그 속에서 삶을 배우게 되는 것이다. 즉, 우리는 이 세상에 잠시 무언가 배우러 온 게 아닌가 싶다. 개나 고양이처럼 단순히 먹고 자는 정도로 그치는 삶이 아니니 말이다. 어떤 일을 하든 어떤 역할을 맡든 그 속에서 무언가 배우고 깨닫게 된다.

나는 다행히 좋은 마음공부를 만나 삶의 진실을 찾게 되었고, 뛰어난 명상으로 지혜로워지는 나를 보게 되었다. 나는 나의 지혜로움이나 가치관이 자식에게 좋은 유산이 될 거라고 생각한다. 그것은 물질적 재산보다 더 크고 의미가 있지 않을까 싶다. 돈이야 있다가도 없을 수 있지만 삶의 지혜는 없어지지 않을 테니까…….

그리운 어머니

내 나이가 여든이나 아흔쯤 되었을 때, 그래, 얼굴에는 검버섯이 돋아 있을 테고, 눈이 침침해서 밥과 반찬이 구별이 안 될지도 모르겠다. 쪼글쪼글한 얼굴에 머리카락은 새하얗게 변해 있을 것이고. 그래도 그조차 아름다운 거라고 나 자신에게 일깨워 주고 싶다. 아직은 낯설지만.

한 마리 늙은 사자가 먼 길을 떠나
어느 메마른 땅에서 홀로 죽어가듯이.
그의 몸을 독수리 떼가 뜯어 먹고
파리 떼가 윙윙거려도

하루, 이틀, 사흘…… 점점 사라지면서 다시 대지와 만나고,
대지의 자양분이 되어
어느 날 그의 자식들이 대지를 누비며
마음껏 뛰어다닐 때
늙은 사자의 영혼은 미소 지으리라.
오래전 추억을 회상하며.

나 또한 그렇게 오래전 추억 속에서의 사랑과 욕망을 떠올리며 미소 지으리라. 지상에서 아름다웠노라고. 그리고 다시 저 세상에서의 여행이 어떠할지……

아직은 모르지만.

(그래서 어머니에게 안부를 묻고 싶다.)
당신, 잘 계시지요?
어디쯤인지는 모르나 잘 계시지요?
당신과의 인연이 참 기쁨이었습니다.
참 살뜰한 당신의 마음이 그립습니다.

어쩌면 이제 다시는 만나지 못할지라도
내가 가는 길과 당신이 가는 길이
서로 아주 멀리 떨어져 있을지라도
어머니, 당신 잘 계시지요?
결국 우리는 커다란 사랑 안에서 흐르고 있기에…… 어머니, 잘 계시지요.

모두가
스승이라

 코로나19가 전 세계를 덮치고 수많은 사람이 경제적 어려움과 죽음의 고비를 넘길 때, 눈에 보이지 않는 바이러스의 위력을 새삼 느끼게 되었다. 우리가 하찮게 여기는 바이러스조차 함부로 대할 수 없음을 느꼈다. 게다가 놀라운 것은 바이러스조차 끊임없이 진화의 몸부림을 치고 있다는 것이다. 우리가 눈으로 보는 세상은 놀랄 만하지만, 눈에 보이지 않는 세계도 마찬가지다.

 눈에 보이는 세상 뒤에는
 눈에 보이지 않는 세계가 존재한다.
 눈에 보이는 세상은 복잡하나
 눈에 보이지 않는 세계는 더욱
 심오하고 복잡하다.

우주에는 눈에 보이는 물질보다
보이지 않는 암흑 물질이 더 많다고 한다.
수많은 별들이 있으나 그보다 더 많은 양의
암흑 물질이 존재한다고…….

마음의 세계도 마찬가지.
내 삶을 좌우하는 건
신발이나 옷이 아니라
보이지 않는 마음이다.

눈에 보이지도 만질 수도 없는 마음에서
사랑과 미움이 일어나고
행복과 불행이 교차한다.

마음은 눈에 보이지 않는다. 그런 만큼 마음에 대해 배우고 추구하는 게 쉬운 건 아니다. 그렇다고 해서 마음을 방치하고 살아갈 수도 없다.

마음에 대해 제대로 배우고자 한다면 좋은 스승을 만나야 한다. 피아노를 배우든 미술을 배우든 마찬가지다. 정말 훌륭한 스승을 만나는 것과 그렇지 않은 경우가 크게 다르다. 스승 역시 큰 인물이 될 만한 제자를 기다리는 건 마찬가지다.

인생 삼락(三樂)이라고 인생에 세 가지 즐거움이 있는데, 그 중에 천하의 영재를 얻어서 가르치는 것이 들어 있다. 뛰어난 제자를 만나서 가르칠 때 즐거움이 크다는 뜻이다. 나 또한 세월이 흐르고 후학들이 생기니 그중에 뛰어난 이를 보면 반가운 마음이 든다. 그런데 마음공부를 하다 보면 초반에 뛰어나 보이던 사람이 뒤처지는 경우가 있고, 엎치락뒤치락하게 된다.

사람은 어느 정도 겪어 봐야 그 진가를 알 수 있다. 나의 스승은 당신이 깨달은 만큼 누구라도 그 경지가 가능하다고 믿었기에 기꺼이 가르치고자 애를 썼다. 그러면서 강조한 것이 머리 좋은 사람보다는 가슴 뜨거운 사람이 중요하다고 했다.
실제로 그런 경우를 많이 보았다. 머리가 잘 돌아가고 영리한 사람이 마음공부도 잘할 것 같지만, 의외로 자기 생각에 속아서 진전이 안 되는 경우가 많다. 또 깨달음에 집착해서 욕심으로 덤비는 사람도 적지 않았다.

가슴이 뜨겁다는 것은 순수한 뜻을 품고 삶의 진실을 추구하려는 갈망이 큰 사람을 의미한다. 그러나 인간의 속된 욕망이나 깨달음에 대한 욕심이 그만 장애가 되기도 한다.

깨달음이란 '깨어서 다다르다'라는 뜻이다. 즉, 내가 가진 기존의 관념을 깨고 나와 진리를 추구해서, 그 본질(진실)에 다다르게 되는 것을 의미한다. 그런데 마음공부하는 사람들이 생각하는 깨달음은 진리 추구보다는 특별한 능력인 경우가 많다. 그리고 그런 사람들의 욕망을 부추기면서 돈벌이하는 사이비 지도자도 적지 않아 보인다.

역대로 깨달은 존재들의 공통점은 특별한 능력을 탐하지 않았다는 거다. 그것을 우리가 염두에 두면 좋겠다. 석가께서도 그런 것을 경계하라고 누누이 강조했다. 깨달음을 탐하는 사람은 결국 그 욕심 때문에 중도에 망가지고 만다. 세상에 소문난 명상 단체나 수련 단체에서 신비한 깨달음을 미끼로 사람을 불러 모은다면 사이비로 봐도 무방하리라. 깨달음은 결코 그런 모습이 아니기에 말이다.

역대의 선각자들은 깨달음을 탐하기보다 어떻게 하면 중생을 건질까 고뇌했다. 또한 깨달음의 목적이 신비한 능력을 갖는 데 있지 않고, 중생을 깨우기 위한 방편일 뿐이었다. 그래서 신비한 능력에 초점이 가 있지 않고 그 시대를 꿰뚫는 통찰과 직관을 터득하고자 했다.

나는 초반에 마음공부를 한다 했지만, 그에 앞서 폭넓은 가치관과 상식을 배웠다. 그래서 입문 초기에 꽤 어려운 책을 많이 읽기도 했다. 《혼돈의 과학》, 《자기 조직하는 우주》, 《성의 역사》, 《인체 생리학》, 《종교의 역사》 등 평소 접하지 않았던 분야에 흥미롭게 다가서게 되었다. 그런 책들을 통해 21세기 과학의 패러다임을 이해하게 되고 인식의 지평이 확장되었다. 또한 그런 과정이 진리를 찾아가는 데 끌개가 됨을 알았다. 책이 진리는 아니나 그것을 통해 진리를 찾아가는 것이다. 그런 면에서 나의 스승이 바람직한 가치관과 건강한 상식을 중요시한 것은 대단한 혜안이라고 생각한다.

스승은 당신의 깨달음을 보편적 가치라고 생각했다. 즉, 누구나 적절히 노력하면 이룰 수 있는 경지라는 것이다. 그렇지 않고 특정한 사람만 이룬다면 타당하지 않다고 여겼다. 그 말은 충분히 일리가 있다.

만일 특정한 사람만이 깨닫는 거라면 그것은 보편적 가치가 아니다. 그리고 결국 특정한 인물을 추종하게 될 것이다. 누구나 적절하게 운전 교육을 받으면 운전을 할 수 있는 것처럼, 깨달음 역시 보편적 가치라는 의미는 매우 고무적이다.

진정한 스승이란 어떤 존재인가? 나의 스승은 이렇게 말했다. "진정한 스승은 세상 모든 것, 곳, 때에 스승이 있다고 가르치는 자입니다."

그는 그렇게 말했다. 세상 모든 것, 곳, 때에 나의 성장을 위한 가르침이 있음에, 그것을 찾아 체득하도록 돕는 존재가 진정한 스승이라고 했다.

삶의 모든 순간에 스승이 있으며 가르침이 있다.
밥을 먹을 때 그 속에 가르침이 있고
하늘을 바라보며 그 속에 가르침을 느낄 수 있다.
길에서 스치는 이가 나의 스승이요
부부싸움 할 때 배우자가 나의 스승이다.
속 썩이는 자식이 나의 스승이고
못돼먹은 상사가 나의 스승이 된다.

세상 모든 것, 곳, 때에 스승(가르침)이 있다고 역설한 스승은, 당신이 도달한 깨달음의 경지를 상식적인 다수의 사람들과 공유하고 싶어 했다. 그래서 근기가 큰 제자를 기다리는 한편 어지간하면 근기를 키워 주려고 애쓰기도 했다. 하지만 인간의 어리석음과 탐욕이 장애가 되어 속 썩이는 제자도 더러 있었다.

나처럼 무디고 개인주의 성향이 강한 것도 스승을 기쁘게

할 만한 제자는 아니지만, 욕심으로 덤비는 제자 역시 골칫거리가 아닐 수 없다.

진리를 추구하고 마음을 공부하는 행위는 서로 간에 신뢰가 중요하다. 일반 학교나 학원에서 지식을 배우는 것과 많이 다르다. 지식은 가르쳐 주는 대로 외우거나 학습할 뿐이지만 마음공부는 다르다. 마음의 세계는 복잡하고 그 메커니즘이 삶에 끼치는 영향이 지대하니, 단순한 지식 습득처럼 여겨서는 깨우치기가 어려울 수밖에 없다. 그래서 흥미롭고 즐거운 공부이면서도 한편으로 신중한 행보를 하게 된다.

나는 얼떨결에 명상을 하고 마음공부를 하게 되었지만, 온갖 갈등이 풀어지고 혜안을 갖게 되었으니 누구라도 해 볼 만하다고 생각한다.

스승과 제자는
연인 같으니

　세상에 참 아름다운 관계가 스승과 제자 관계다. 부부나 형제 사이보다 더 아름다울 수 있는 관계가 스승과 제자 관계라고 생각한다.
　스승을 하늘처럼 여기는 제자가 있었으니, 그의 스승 사랑은 내가 봐도 눈물겨울 정도로 아름다웠다. 입문 초기에 지도자 과정 선배들이 수십 명 있었는데 그중에 진(眞) 선생이 그랬다. 이분은 제자 중에도 뛰어난 면모를 갖고 있었는데, 무엇보다 스승에 대한 지극한 애정과 정성을 행동으로 보여 준 분이다.

　진 선생은 30대 후반에 스승을 만났는데 스승이 추구하는 목적인 '세상을 건지고 싶어서'라는 말 한마디에 머뭇거리지 않고 가르침을 청했다고 한다. 진 선생 역시 20대부터 세상을 바꾸고 싶어서 온갖 방법을 연구하며 살아온 케이스다. 그러니 스승을 보자마자 마음이 끌렸음이라. 아니 처음에는 속으로 '나처럼 미친 사람이 또 있구나' 하며 탄식했다고 한다.

진 선생은 그 나름대로 문제 많은 세상을 바꿀 수 있는 대안을 찾아 헤매다가, 힘에 부치기도 하면서 좌절도 많이 했다고 한다. 그러다가 스승을 만날 당시에는 거의 죽어 가는 상태였다고. 자신의 뜻이 마음 먹은 대로 되지 않으니 그럴 만도 했다. 극도로 쇠약해진 몸이 되어 마지막으로 마음공부나 하고 죽겠다 하다가 스승을 만나게 된 것이다. 그런데 스승이 세상을 건지겠다고 하니 대체 어떤 방법으로 하려는지 궁금했다.

그때 스승은 이렇게 말했다.
"세상에는 유형의 힘과 무형의 힘이 있습니다. 나는 무형의 힘을 경험했고 구사할 수 있습니다. 거기에 유형의 몇 가지 조건만 더하면 세상을 건질 수 있다고 확신합니다."
일찍이 크게 깨달은 이후 氣의 세계를 통달하고, 깊은 마음과 영적 능력을 구사하게 된 분이니 그럴 만했다.

진 선생도 나처럼 초반에는 무형의 세계에 관심이 없었다고 한다. 굉장히 이성적이며 냉철하게 세상을 살아온 터였다. 그러다가 스승의 큰 뜻을 알게 되니, 죽기 전까지 조금이나마 돕고 싶다는 생각을 하게 되었다.

하지만 스승은 진 선생의 건강 상태를 파악하고는 이내 고심을 하더란다. "죽음이 얼마 안 남았네요. 어떻게 몸이 그 정도로 망가졌습니까? 안 망가진 데가 없네요. 심지어 손목뼈까지······."

스승은 진맥 한번 안 하고 진 선생의 죽음을 예측했다고 한다. 진 선생 역시 자신이 1년 정도밖에 못 살 거라고 예감하고 죽음을 준비하던 터였다.

스승은 "이놈들이 쓸 만한 사람들은 다 잡아간다니까······." 하시며 더 살겠느냐고 물었다. 진 선생은 죽는 것도 괜찮다고 여겼으나, 할 일도 생겼으니 살 수 있다면 살겠다고 대답을 했다. 그때 스승은 속으로 얼마나 기뻤을까. 모처럼 뜻이 맞는 제자를 만났으니 참으로 소중한 인연이었다.

그때부터 스승과 제자는 세상 어디에도 없는 애틋한 연인처럼 서로를 챙기고 존중하며, 가르치고 배우기를 열정적으로 하게 되었다. 스승은 진 선생을 가르치면서 그의 건강과 함께 아픈 사람을 도울 수 있는 방법도 가르쳐 주게 되었다.

"배우러 찾아오는 사람들 중에 아픈 사람도 많을 테니, 그네들을 건강하게 해 줘야 마음공부도 할 수 있을 겁니다."

스승은 인체 역시 유형과 무형의 구조가 어우러져 존재한다고 했다. 따라서 바람직한 치유를 위해서는 유형, 무형의 구조에 동시에 접근해야 하며, 그러기 위해 인체에 대해 상세히 공부하도록 했다. 그래서 인체 해부학이며 생리학 등 의사들이 배우는 공부를 하게 되었다.

스승의 뜻을 헤아린 진 선생은 주저 없이 무형의 세계를 배워 갔으니, 나중에는 어지간한 의사들보다 더 뛰어날 정도의 실력을 갖게 되었다. 그의 열정과 정신력은 보통 사람들은 상상도 못할 정도였다. 그만큼 치열하고 강인한 정신의 소유자였다.

인간의 자가 치유력은 놀라운 힘을 발휘한다. 의학의 아버지라고 불리는 히포크라테스가 '내 안에 100명의 名醫(명의)가 있다'고 한 말이 그것이다. 누구나 자기 내면에 자신을 치유할 수 있는 힘이 있는데, 문제는 이 힘을 어떻게 이끌어 내는가가 관건이 된다.

물질로 드러난 모든 것의 이면에는 기운의 작용이 있으며, 그 이면에서 더 들어가면 육안으로 볼 수 없는 영적 조직이 있다. 아무리 단단한 물질도 자꾸 쪼개어 들어가면 분자가 있고 원자가 있으며, 마침내 전자의 세계가 존재하듯이 그런 맥락이다. 이러한 원리를 제대로 알고 접근하면 치유력이 크게 살아날 수 있다.

어떤 질병이 발생할 때는 이미 보이지 않는 현상들이 꾸준히 진행되어 물질인 몸의 증상으로 드러나게 되는 것이다. 그런데 현대 의학이 접근하는 방법은 대개 드러난 물질에만 접근하는 것인데, 그 이면의 영역까지 터치할 수 있으면 어떻겠는가. 만일 그것이 가능하게 되면 나 스스로를 치유할 수 있는 자가 치유력이 최대한 활성화될 수 있는 것이다.

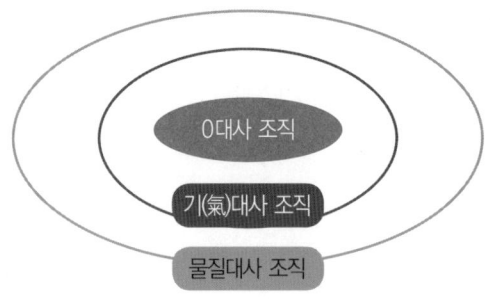

암이나 당뇨, 류머티즘, 아토피 등등 헤아릴 수 없이 많은 질병이 우리를 괴롭히는데, 자가 치유력을 발휘하게 되면 얼마든지 나을 수 있게 된다. 진 선생은 그런 원리를 꿰뚫어 보고 사람들을 도와 갔다. 그래서 난치병조차 낫게 하는 놀라운 일이 생기기도 했다. 이는 어찌 보면 신비한 능력 같지만 매우 과학적이고 합리적인 방법이기도 하다. 단, 그만큼 무형의 세계를 볼 수 있어야 하며, 그 힘을 쓸 수 있는 실력이 돼야 가능하다.

삶의 마지막 불꽃을 태우듯이 스승의 가르침에 뛰어든 진 선생은 말 그대로 전부를 던졌다. 그는 참으로 헌신적이고 열정이 강한 분이었다. 그 덕분에 나처럼 늦게 입문한 후배들이 많은 혜택을 입었다. 마음공부를 하려니 공간이 필요하고 그만한 유지 비용도 필요한데, 초기에 재정적 부담을 진 선생이 거의 책임지고 있었다. 그 당시 진 선생의 친구들도 몇 분 함께했는데, 그네들 역시 스승의 이상(理想) 실현에 동참하여 십시일반 마음을 내었다.

세상을 살아가며 의로운 뜻에 동참하는 건 쉬운 게 아니다. 간단히 비유하자면 이순신 장군이 백성을 구하겠다고 목숨을 거는 모습이 의로운 모습인데 누가 선뜻 그리 하겠느냐는 것이다. 돈이나 명예가 따르는 것도 아니요, 때로 누명을 쓰고 백의종군하는데 아무나 나설 수 있는 일이 아니다. 나는 나의 스승도 존경했지만, 스승의 뜻을 기꺼이 따르는 진 선생의 모습에서 많은 감화를 받았다.

반면에 나는 그렇게까지 하기에는 미흡한 구석이 많았다. 여자로서의 한계도 있었고, 나의 어리석은 관념이나 개인주의 성향도 장애가 되었다. 진 선생처럼 단박에 스승을 알아보고 뛰어들 만한 위인이 아니었으니 당연하다.

그저 심심풀이 삼아 명상한답시고 건성으로 수년을 보냈으니 돌이켜 보면 염치가 없기도 하다. 그래도 오랜 세월 끈을 놓지 않은 게 얼마나 다행인지 모른다.

우주의 마음

이 우주는 공평하다.
그래서 누구나 때가 되면 죽는다.
게다가 죽으면
한 푼도 가져갈 수 없다(정말 신나는 법칙 아닌가).

또한 아무리 많은 재물을
자기가 믿는 종교에 갖다 바쳐도
신은 물질에 속한 존재가 아니므로
좋은 곳으로 가는 것과
아무 상관이 없다.

천국과 지옥은
그 사람의 '마음'으로 평가된다.
다행이다.

죽으면 '마음' 이외에 그 어떤 것도 측량이 되지 않는다.
죽음은 비물질의 세계이니까.
물질과는 아무런 상관이 없는 세계가 죽음의 세계다.

살아 있는 사람들은 비석을 세우고 커다란 화환을 바치지만, 그것은 다만 산 자들의 놀이일 뿐.

또한 죽음은 그것이 끝이 아님을.
왜냐하면 이 우주는 참으로 현명하기에
그저 아무런 목적 없이
허무하게만 존재하는 게 아니기에.

죽음으로 모든 게 끝이 아님을 증명하고 있다.
내 '마음'이 그것을 알고 있다.
박테리아 하나조차 존재 의미를 갖기에.

우주는 그토록 섬세한 기획을 바탕으로
초월적이며
자유로운…… 존재이기에.

그런데 박테리아 하나조차
우주 진화에 기여한다는 것을
사람들만 모르고 있는 게 아닐까?

II 마음을 경영하다

변덕스런 마음이
죽 끓듯 할 때

마음에서 수시로 일어나는 희로애락의 변주는 얼마나 낯선가!
어느 날은 아침부터 기분이 좋은가 하면
이유 없이 눈뜨자마자 슬픔이 올라올 때가 있다.
어떤 생각 하나가 불안을 일으키는가 하면
갑자기 잊고 있었던 이런저런 과거사가 생각나기도 한다.
그럴 때마다 파도처럼 일렁이는 기쁘거나 슬픈 감정들,
나도 모르게 스멀스멀 피어나는 두려움,
묵직한 느낌으로 전해지는 분노, 혹은 죄책감……
수없이 일어나는 마음의 변주 때문에
어찌해야 좋을지 몰라 방황하게 되니
변덕스런 마음을 비우고 버리려고 애써 보지만
비워진 듯하다가 다시 차 있음을 알게 되고
버린 줄 알았는데 여전히 마음에서 일렁이고 있음을 느끼니 비우고 버리는 것이 얼마나 어려운지 모를 일이다.

누구나 철없는 유년기를 거쳐 사춘기가 되면 자기 마음의 변덕스러움에 놀라게 된다. 내 마음이 '마음대로' 되지 않음에 곤혹스러울 때가 한두 번이 아니다. 성인이 되어 본격적으로 사회 생활을 하게 되면 더 그렇다. 나이 들어갈수록 이 문제는 심각해져서 나중엔 그냥 포기해 버린다. 별 수 없이 난 이런 인간이야, 하고 살아가게 된다. 그래서 어떤 사람은 분노 조절이 안 되고, 어떤 사람은 우울한 감정 때문에 정신과를 찾기도 한다.

나 역시 그랬다. 사춘기까지는 그나마 부모가 가르쳐 주는 대로, 아니면 학교에서 배운 대로 순진하게 따라가며 살았다. 어른처럼 복잡한 인간 관계가 있는 것도 아니고, 이해타산을 따질 일이 적으니 그럴 만도 하다. 하지만 나이 들고 나서, 특히 결혼 후에 겪게 되는 복잡한 심리들은 통제가 잘 되지 않았다. 짜증이 자주 일어나고 예민함이 커졌다. 거기에다 나도 모르게 일어나는 부정적 감정들을 통제하기가 몹시 힘들었다.

수많은 심리 관련 책을 읽어도 나의 갈등이나 감정적인 문제를 시원하게 풀어 주는 처방이 없었다. 아마 누구라도 심리학 책 몇 권 정도는 읽었을 것이다. 그럼에도 마음의 문제가 해결되지 않는 이유는 무엇 때문일까?

그 이유는 간단하다. 즉, 마음이라고 불리는 내면의 무의식 구조를 잘 모르기 때문이다. 무의식의 구조를 모르니 그 움직임의 이치를 이해할 수가 없다. 수많은 무의식이 엉켜서 개념과 관념이 만들어지고 여기에서 감정과 갈등이 일어나게 돼 있다. 한데 그 이치를 알 수 없다면 다스리기가 불가능하다.

인간의 마음을 단순하게 보면 도저히 다가설 수 없는 것이다. 그런데 우리는 이제껏 그렇게 살아왔다. 내 속에서 온갖 감정과 생각, 욕구가 들끓고 있는데 어찌할 도리가 없었다. 그 메커니즘을 모르니 "난 화가 나!", "난 외로워.", "난 지금 슬퍼."라고 표현했을 뿐이다.

다수의 심리 전문가들은 감정을 억누르지 말고 표현하라고 한다. 모든 감정을 있는 그대로 인정하고 받아들이라고 조언한다. 그런데 우리는 이런 얘기를 들으면 헷갈리게 된다. 아니, 그럼 화가 날 때마다 화를 내라는 것인가? 슬플 때마다 우는 게 당연할까?

다들 억누르는 건 바람직하지 않다 하는데 그대로 표현하는 것 역시 바람직하지는 않다. 인정하고 받아들이라는 것도 애매하다. 무엇을 어떻게 인정하라는 말인가. 결국 대중들은 이러지도 저러지도 못한 채 매일 자기 감정과 씨름하게 된다.

종교적으로 마음공부를 하거나 심리학을 배우는 이들 역시 난해한 미로에서 헤매는 경우가 많다. 마음을 다스리고 싶은데 그 움직임의 현상을 이해 못하니 그저 비우고 없애려고만 할 뿐이다.

기존의 마음공부는 그럴 수밖에 없었다. 내면의 불규칙한 현상을 이해할 수 없으니 비우고, 버리고, 빼라고 주문했다. 하지만 나도 모르게 일어나는 무의식적 현상을 어떻게 비우고 버릴까. 이는 너무 막연하고 관념적인 조언이다.

마음을 비우고 버리는 게 잘 되지 않으니, 이번에는 무상과 무아를 외치면서 그만 허무 쪽으로 기울어지기도 한다. 참 안타까운 노릇이다. 모든 것이 허무하고 공(空)하다 하면서 슬며시 치워보려 하나 잘 치워지지 않는다.

언젠가 TV에서 어느 스님을 인터뷰하는 장면이 있었는데, 이 분이 날마다 마음을 비우고 있다고 말하는 모습을 보며 안쓰러운 생각이 들었다. 대체 얼마나 오랫동안 비우고 버려야 한단 말인가? 그게 그렇게 해서는 안 되는 건데……. 참 씁쓸했다. 마음은 비우고 버리는 게 아니라 깨우고 계발할 수 있는데 알려줄 방법은 없고. 과거 수행법에 묶여 있으니 어쩔 수가 없다.

　몇십 년을 마음공부를 해도 의식 세계 전체 구조를 모르면 막연한 공부가 될 뿐이다. 마음이라는 세계를 컴퓨터 내부처럼 볼 수가 없으니 그 움직임을 어떻게 꿰뚫어 보겠는가. 아니 컴퓨터 내부를 봐도 그 메커니즘을 모르면 손을 댈 수가 없다. 마음의 세계도 마찬가지다.

　나는 얼떨결에 입문해서 좋은 스승을 만나 마음공부하게 되었으니 정말 운이 좋았다. 마음의 구조를 체계적으로 접근하며 배우니 말 그대로 마음공부가 되었고, 마음을 다스리는 게 어렵지 않았다. 그리고 깊이 배워갈수록 오묘한 이치들이 잘 보이면서, 내 마음은 물론 타인의 마음까지 쉽게 접근할 수 있었다. 아니 접근 정도가 아니라 그 사람이 현재 당면해 있는 심리적 문제를 풀어 주는 데 별 어려움이 없었다. 그저 한두 번만 봐도 그 사람이 걸려 있는 문제와 대안이 보였다. 내가 생각해도 신기할 정도로 통찰적 접근이 가능했다.

뒤죽박죽
의식 세계

　사람은 누구나 살아가며 수많은 의식을 형성하게 되고, 이를 재료로 해서 온갖 개념과 관념을 만들어 낸다. 그러고는 각자가 이 개념과 관념을 바탕으로 생각하며 판단해 간다. 그런 이유로 바로 여기에서 희로애락의 변주가 일어나게 돼 있다. 나만의 개념과 관념으로 사물을 보니 좋았다 싫었다 하고, 그에 따라 감정이 오르락내리락하게 된다.

　그렇다면 대체 무엇이 문제일까? 나의 어떤 개념이나 관념이 문제가 되는 것일까? 모두가 의아해할 텐데 그 원인은 간단하다. 그것은 바로 우리가 가진 숱한 개념과 관념이 두루뭉술하고 애매하다는 거다.
　가령 "사랑이 뭐냐?"고 물으면 우리는 뭐라고 대답을 할까. 우리는 사랑에 대해 제대로 알고 있을까? 실은 잘 모른다. 모르고 살아간다. 그러고는 저마다 다른 개념과 관념을 주장하게 된다. 이게 문제다.

한번 생각해 보자. 어떤 사람은 사랑을 희생이라 하고, 어떤 사람은 적당히 주고받는 거라고 얘기한다. 그런데 이렇게 다른 개념을 가진 사람들이 만나면 어떻게 될까? 사랑의 감정이 잘 전달될 수 있을까?

그렇지가 않다. 설령 첫눈에 반해 사랑에 빠져도 이내 서로 다른 개념과 관념 때문에 충돌하게 된다. 내가 생각하는 사랑의 모습과 상대방이 그리는 모습이 다르기에 부딪칠 수밖에 없다. 여기에서 갈등이 일어나고 감정이 일어나게 된다.

다른 경우도 마찬가지다. 내면에서 일렁이는 수많은 감정과 생각은 바로 이 무의식적 개념과 관념이 원인이다. 이들이 제대로 정립돼 있지 않으면서 이걸 바탕으로 살아가기에, 자연히 원치 않는 기분과 감정이 일어나는 것이다.

또 하나 안타까운 건 대다수 사람들이 웬만한 것은 다 알고 살아가는 것처럼 행세한다는 것이다. 대충 알고 있음에도 마치 전부를 잘 아는 것처럼 여긴다. 그러고는 사랑은 이런 거야, 인생은 뭐 그런 거지, 하며 살아가고 있다. 그런데 정말 제대로 알고 있을까? 그 진실(혹은 진리)을 정확하게 깨치고 있을까?

그렇다면 다음 주제들에 대해 가장 진실에 근접한 대답을 생각해 보길 바란다.

사랑이란 무엇인가?
인생이란 무엇인가?
세상이란?
죽음이란?
결혼이란?
직업이란?
우정이란?
돈이란?
출세란?
행복이란?
'나'란?

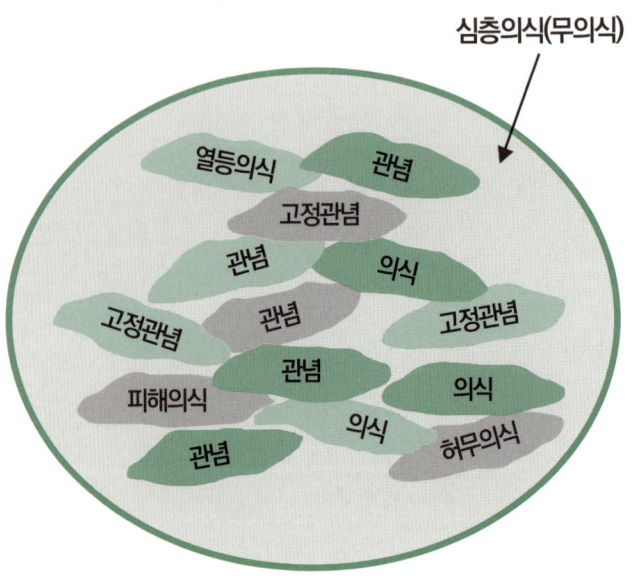

우리는 이런 질문을 받게 되면 그만 난감해지고 만다. 평소에는 알고 있던 것 같은데 자세히 들여다보면 정말 모르겠다. 설령 알아도 애매하다는 생각이 들 것이다. 참 어이없는 현상이다.

인생을 살아감에 있어서 매우 중요한 주제들인데, 우리는 얼마나 바람직하게 정의하고 있을까? 얼마나 분명하게 개념이 정리돼 있을까.

아쉽게도 그렇지 않은 경우가 대부분이다. 그저 막연하게 이건 이럴 것이야, 정도의 추측으로 끝나 버리게 된다. 그러고는 저마다 자신도 모르게 그걸 기준으로 판단하며 살아가니 얼마나 헷갈리고 갈등이 많겠는가.

자동차 내부 구조를 모르는 사람은 고장이 나도 수리를 할 수가 없다. 내 마음도 마찬가지다. 마음을 이루고 있는 의식들과 관념에 대해 모르면서 다스릴 수 없다. 그것이 형성되는 과정이라든지, 그로 인해 일어나는 감정이나 욕구를 이해 못하는데 어떻게 다스릴 수 있겠는가.

마음의 깊이도
천차만별이니

화가 날 때 그 감정이 진정한 나인가?
우울할 때 그 우울감이 진정한 나인가?
불안이 스멀스멀 올라올 때, 그 불안감이 진정한 나인가?

우리는 이런 질문에 다시 접근해야 한다. 이제까지와 다른 새로운 프레임으로 내적 현상을 볼 필요가 있다. 내 속에는 화가 날 때 화내지 말자는 나도 존재한다. 우울할 때 우울하지 않길 원하는 나도 있다. 두 가지 혹은 네 가지, 아니 그 이상의 감정들이 생길 때 어느 쪽을 나라고 해야 하는가?

우리가 무심코 "내 마음이 그래!"라고 단정 짓지만 그 속에 오류가 있음을 알 필요가 있다. 내 마음에서 온갖 현상이 일어나지만, 그 깊이가 제각각 다르며 드러나는 양상도 천차만별이다. 그런데 단순하게 '내 마음이 그렇다'라고 표현하는 자체가 모순이며 한계다. 그러니 마음을 바라보는 시각부터 수정해야 한다.

· 광의의 마음과 진정한 마음 ·

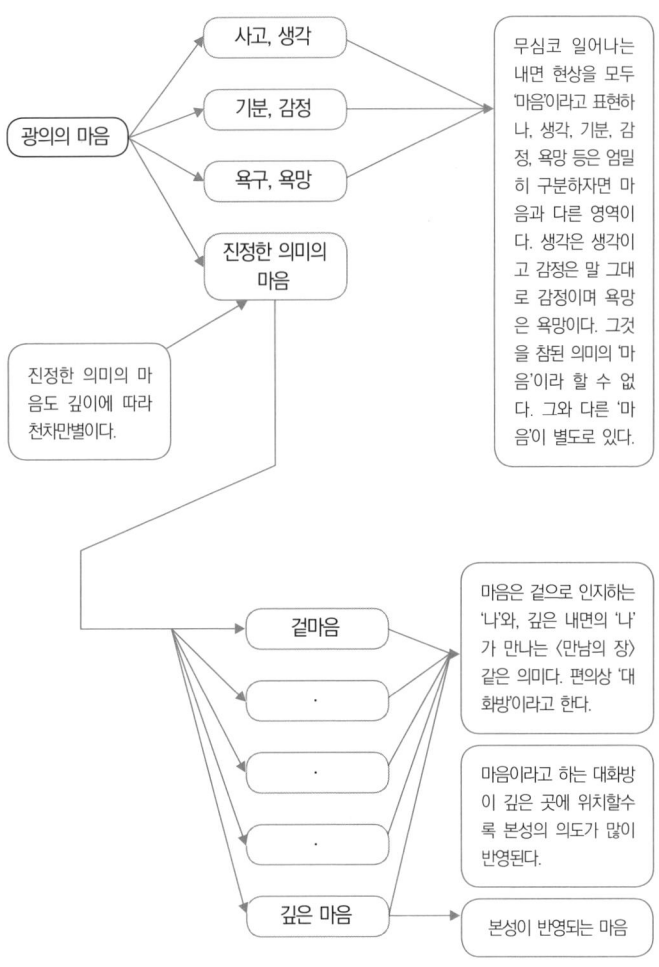

마음은 매 순간 다르게 드러난다. 때로 얕은 마음이 드러나는가 하면 깊은 마음을 느낄 때도 있다. 그런데 우리는 그 감각이 잡히지 않으니 그저 내 마음이 이래, 정도로 표현할 뿐이다.

화가 나는 것이 내 마음이지만, 화내지 말자는 마음도 역시 내 마음이다. 짜증이 일어날 때 그게 내 마음이라 여기지만 한편에서 즐거워지고자 하는 것도 내 마음이다. 그렇다면 과연 어느 쪽이 진정한 내 마음인가?

여기에서 우리는 갈등에 휩싸이며 이러지도 저러지도 못하는 상태가 되고 만다. 마음공부 좀 한다는 사람들은 어떻게든 화를 내지 않으려고 갖은 방법으로 애쓰기도 한다. 그런데 수시로 일어나는 생각, 기분, 감정, 욕구, 욕망을 어떻게 다스릴 것인가? 나도 모르게 일어나는 온갖 현상을 어떻게 봐야 할 것인가? 이 부분에 명쾌하게 접근하는 방법이 필요하다.

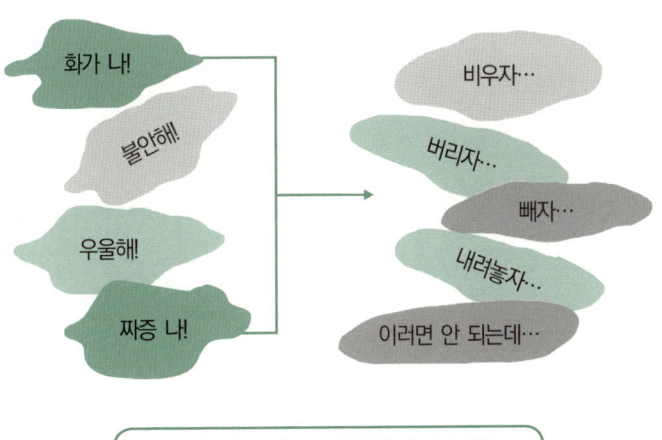

마음에 대해 공부할 때 가장 큰 전제는, 어떤 생각이나 감정도 내가 아니라는 것이다. 즉, 나라고 하는 주장을 다르게 봐야 한다. 그 어떤 마음의 현상도 '나'의 전부는 아니다.

왜냐하면 화가 날 때 화내지 말자는 나도 있으니 굳이 "나는 화가 나!"라고 주장할 게 아닌 것이다. 화가 나든 슬픔이 일어나든 이를 객관적으로 바라보며, 그다음에 의식 흐름을 읽을 수 있어야 한다(이 영역은 '무의식 메커니즘'을 이해해야 접근이 가능하다).

의식 세계에 대해서는 구체적으로 배워야 이해할 수가 있다. 그 이전에라도 우리가 주의할 것은 '깊은 마음'의 움직임이다. 설령 어떤 감정이 일어나고 불쾌한 생각이 꼬리를 물어도, 더 깊은 마음에서 들리는 소리에 귀 기울일 필요가 있다.

깊은 마음은 조금 늦게 도착한다.
가령 분노의 파도가 밀려와서
모든 게 뒤집어질 때
모든 게 우당탕탕~
부서지고 일그러질 때
깊은 마음에서는 다른 느낌이 전해져 온다.
다시 생각해 보라고.

좀 더 다른 시각으로 바라보라고.
깊은 마음은 내 감정이나 욕구보다
조금 늦게 도착을 한다.

깊은 마음을 알고 싶다면 제대로 된 마음공부를 해야 한다. 대중들은 깊은 마음보다는 당장 일어나는 현상에 끌려다니며 살아간다. 그러니 하루에도 열두 번씩 기분, 감정이 오르락내리락하는 거다. 참 피곤한 일상이 아닐 수 없다. 나 역시 그렇게 살았으니 백번 공감이 된다. 마치 그것을 내 진정한 마음의 현상이라고 여기며 살았다.

평정심(平靜心)을 유지하려면 마음을 다스릴 수 있어야 하고 깊은 마음에 귀 기울여야 한다. 외부의 어떤 자극에도 동요하지 않고, 누가 비난하거나 칭찬하거나 흔들릴 게 별로 없는 경지로 가야 평정심을 유지하는 게 가능하다.

일반적인 마음공부 형태는 내면의 현상(생각, 기분, 감정, 욕구, 욕망 등)을 바라보라고만 한다. 이 방법은 일단 나를 객관적으로 관찰하는 거라서 어느 정도 도움이 될 수 있다. 내게서 일어나는 현상을 나 전체로 보지 않기에 담담하게 대처할 수가 있다.

다만 이 방법의 한계는 내 모든 생각이나 느낌, 감정을 자세히 들여다보다가 더 이상 해법이 없어 지치게 된다는 거다. 나를 보기는 보는데 구체적인 대안이 없기에 결국 비워라, 버려라 할 수밖에 없다.

또 어떤 쪽에서는 감정에 충실하라 하고 감정 에너지가 좋은 거라고 주장하기도 한다. 그러나 감정도 긍정적인 것과 부정적인 것이 있기에 그저 좋다고 할 수만은 없다. 설령 좋은 감정이라 해도 과유불급이라고, 내가 다스릴 수 없다면 어떻게 되겠는가? 아무리 좋은 것도 내가 다스리며 조절할 수 있어야 문제가 생기지 않는다.

불필요한 생각이 마구 올라올 때도 마찬가지다. 정말 괴로운 생각 때문에 잠 못 이루고 일상생활이 어려운 경우가 있다. 아무리 떨쳐 버리려 해도 안 된다.

이럴 때 호흡에 집중하거나 생각을 빼 버리는 식의 방법을 권하기도 하는데, 이 역시 한계가 있으며 바람직하지 않다. 호흡과 같은 무언가에 집중하는 건, 일어나는 생각이나 욕망을 억압하는 것일 뿐 근본적인 해결책이 아니다.

생각을 뺀다는 것도 마찬가지다. 무의식적으로 일어나는 생각을 내 마음대로 빼거나 넣을 수 없는 것이다. 그저 잠시 누를 뿐이다. 만일 드러난 생각이 있다면 그 생각을 일으킨 의식이 있기 마련이다. 그 의식을 찾아서 개선하고 계발하면 복잡한 생각이 정리되면서 일어나지 않게 된다.

· 의식 구조 ·

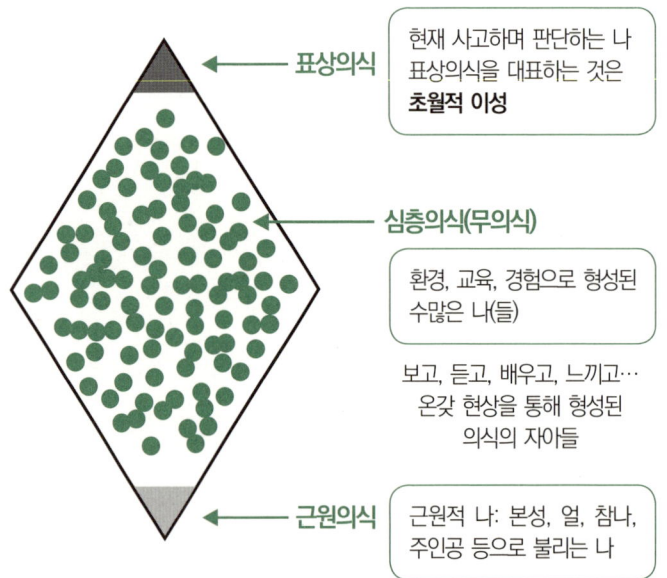

사람이 변한다는 게 쉽지는 않다. 아예 변할 수 없다고 단정 짓는 경우도 많다. 어떤 60대 중반 여성이 강박증에 시달리다가 상담을 하러 왔는데 자신이 변할지 모르겠다고 한다. 그녀는 40년 넘게 주부로서 열심히 살아왔으나 그 세월만큼 굳어진 강박증으로 인해 불면과 두통, 손 떨림과 같은 현상을 겪고 있었다.

그녀의 강박증은 듣기만 해도 숨이 막힐 지경이었다. 이를테면 식사 시간은 반드시 지켜야 하고, 그 시간이 5분이라도 늦어지면 불안해서 어쩔 줄 몰라 했다. 집안의 물건 하나라도 반드시 제자리에 있어야 하고, 화장실 청소는 매일 아침 몇 시에, 냉장고 청소는 일주일에 몇 번 해야 한다는 식이었다. 그야말로 자신이 만들어 놓은 틀에 갇혀서 옴짝달싹 못 하는 상태가 돼 있었다.

우리는 누구나 자신이 처한 환경 속에서 경험하고 교육받으며 독특한 개성의 '나'를 만들게 돼 있다. 만일 내가 어릴 때 프랑스에 이민 가서 성장했다면 어땠을까? 지금의 나처럼 된장찌개나 김치를 좋아했을까? 만일 인도나 아프리카에서 성장했다면 나는 또 다른 식성이나 성격, 마인드를 갖게 되었을 것이다.

결국 내가 살아오며 경험하고 학습한 결과로써 변화해 왔다면, 이후의 삶도 마찬가지로 얼마든지 변화할 수 있다는 얘기다. 아니 변할 수밖에 없다.

사람은 분명히 좋은 쪽이든 나쁜 쪽이든 변해 가기 마련이다. 그런데 좋은 방향으로 변하면 다행이지만 그렇지 않은 경우가 많다. 그래서 나이 들수록 현명해지기보다 고집스럽게 변하는 경우가 많은 법이다.

나는 오랜 세월을 체계적으로 배우며 어지러운 마음을 다스리게 되었다. 그런데 나라는 존재를 직면하게 되면 처음에 낯설고 부끄러운 면이 보이게 된다. 내가 꽤나 괜찮은 사람인 줄 알았는데 막상 내 속을 들여다보니 어찌나 추한 의식들이 많던지!

물론 바람직한 의식도 많다. 훌륭한 의식들도 있기 마련이다. 그런데 속물 같은 의식 역시 많을 수밖에 없다. 살아오면서 형성된 과거의 의식들은 아무래도 현재에 맞지 않는 어리석음을 갖고 있기 마련이다. 살아오며 경험한 부정적 경험 또한 수많은 부정적 관념과 의식을 만들게 된다.

이는 마치 우리 몸속에 수많은 세균이 있는 것과 마찬가지다. 내 몸에 유익한 세균도 있으나 해로운 세균도 있는 것처럼 마음을 이루고 있는 의식 세계도 마찬가지다.

내 몸에 수많은 세포들이 있으나 그중 하나가 나를 대표하지 않는 것처럼, 수많은 의식들 중에 어느 하나가 나를 대표하는 것도 아니다. 이런 원리를 이해해야 나를 객관적으로 보는 자세가 가능해지며, 내게서 일어나는 현상을 여유롭게 다스릴 수 있는 조건이 된다.

나 자신을 보며 추구해 가는 것은 멋진 행위다. 그렇게 해 갈수록 내가 흥미롭게 보이게 된다. 내게서 일어나는 현상이 당혹스러운 게 아니라 흥미로운 것이 되어, 여유롭게 보면서 깨우쳐 갈 수가 있다.

내가 바람직한 방향으로 변화하는데 거리낄 게 없다. 오히려 즐겁고 신나는 일이 아닐까? 내 마음을 탐구하고 진실을 찾아가는 행위는 삶 전체를 즐겁게 만든다.

· 의식 구조 ·

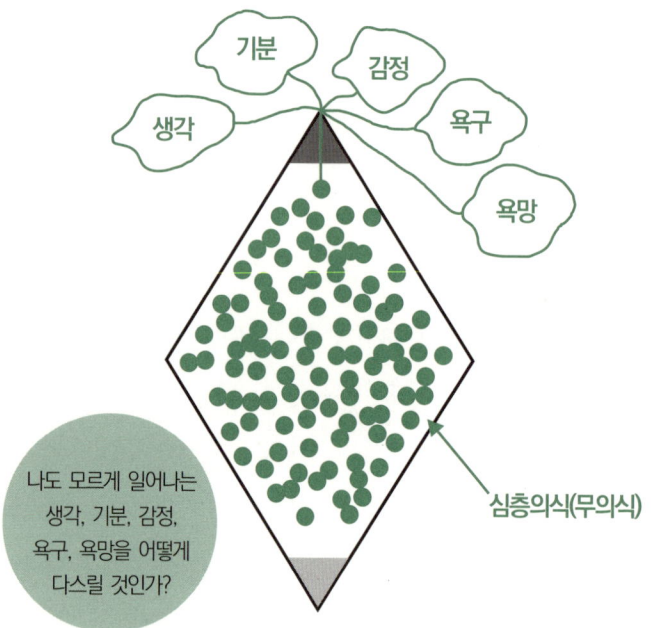

- 생각, 기분, 감정, 욕구, 욕망은 자극적이며 강력해서 이에 끌려다니기 쉽다.
- 깊은 마음은 그 맛이 공기나 물 같아서 가만히 귀 기울이며 음미하지 않으면 알 수 없다.
- 생각, 기분, 감정, 욕구, 욕망에 충실할수록 마음에 둔감해진다.
- 생각, 기분, 감정, 욕구, 욕망에 충실하다 보면 마음이 완전히 닫혀 진정한 마음을 모르게 된다.
- 아무리 절망스러울 때도 가만히 깊은 마음에 귀를 기울이면 희망을 가지라 한다. 길이 있다고…….

> 내 몸이 60조 이상의 세포로 이루어진 것처럼 의식 또한 헤아릴 수 없을 만큼 많이 존재한다.

눈에 보이는 것이
전부가 아니다

 마음의 구조— 무의식 메커니즘을 쉽게 이해할 수 있도록 정립한 분은 스승의 수제자 격인 진(眞) 선생이었다. 이분은 인간 심리 연구의 달인으로, 20대부터 자기 내면의 심리 움직임을 살피며 철저히 분석하고 규명하려고 애썼다. 자신은 괜찮은 사람이고 싶은데 내면에 들끓고 있는 감정이나 욕구들이 견디기 어려웠다고 한다. 때로 숭고한 생각이 일다가 어느 순간 흉측한 상상도 하게 되니, 사람이 이중인격 정도가 아니라 매우 다중적이라는 걸 알게 되었다. 그런 고뇌 속에서 방황하다가 본격적으로 마음공부하면서 기운과 마음의 세계를 통달하고, 영적인 능력을 구사할 수 있게 되면서 본격적으로 무의식을 탐구하게 되었다.

 이 세상은 물질로 드러난 물질계가 있고, 그 이면에 기운의 움직임이 있으며, 더 깊은 곳에 영적 세계가 존재한다. 또한 마음의 세계는 기운의 세계와 밀접한 관계를 갖고 있다. 그래서 화가 날 때는 화의 기운이 나를 휩쓸고, 우울할 때는 우울의 기운이 나를 쓰러트리게 돼 있다.

우리가 마음을 다스리고 싶어 하면서도 결국 어떤 감정이나 느낌에 휘말리고 마는 것은, 바로 이 기운의 다스림이 어렵기 때문이다. 불같이 일어나는 기운의 에너지가 있는데 이 움직임의 현상을 모르고 어떻게 다스릴 수 있겠는가.

분노에 휩싸이거나 절망에 빠질 때 우리는 그 엄청난 에너지의 압력에 굴복하기 십상이다. 강렬한 욕구나 욕망에 빠질 때도 마찬가지다. 그래서 마음을 마음대로 하기가 어려운 거다.

물질 세계는 눈에 보이니 확인이 가능하나 기운의 움직임이나 마음의 움직임은 대중이 알기 어렵다. 그래서 '내 마음 나도 몰라'가 된다. 내 마음이 나도 모르게 제멋대로 움직이니 손을 쓸 수가 없다.

무의식의 세계는 미지의 영역이었다. 프로이트[2]나 융[3] 이후

---

[2] 지그문트 프로이트(Sigmund Freud): 오스트리아의 심리학자이자 의사. 정신분석학의 창시자라 불린다.

[3] 칼 구스타브 융(Carl Gustav Jung): 스위스의 정신과 의사. 프로이트와 함께 정신분석학의 기둥을 세웠다.

로 무의식이 대중에게 회자되고 있으나 그것도 아주 작은 부분에 접근한 정도이다. 꿈 분석이나 최면을 통해 무의식에 접근하는 것도 일부분이다. 그래서 최근까지 무의식은 미지의 영역이나 다름이 없었다.

  진 선생은 뛰어난 명상을 통해 마음의 세계, 기운의 세계, 0적인 세계를 섭렵하고, 무의식에 접근하는 데 유리한 기회를 갖게 되었던 것이다.

  진 선생이 마음과 의식 세계 전반에 대해 연구할 때 내가 동참할 수 있었던 것은 뜻밖의 행운이었다. 나 외에도 정신과 의사 등 몇 사람이 함께 동고동락하며 수년의 세월을 연구했다.

  수년 동안 마음과 기운의 연관성에 접근하고, 교묘하게 움직이는 심리의 이면을 파헤치며 무의식 메커니즘을 구체화하게 되었다.

  그 과정이 쉬운 건 아니었다. 인간의 속성을 이해하기 위해 동물의 진화 과정은 물론, 식물의 세계까지 다양한 생명의 양상을 연구하고 분석했다. 생명이 갖는 기본적인 속성과 특히 동물의 본능적인 욕구가 인간에게서 어떻게 표출되는지 접근해 갔다. 말이 수년이지 실제로 진 선생이 젊은 시절부터 연구한 세월로 따지자면 30년~40년이 걸린 셈이다.

스승께서 영적 지도자를 키우는 데 관심을 기울인 반면에, 진 선생은 대중들이 행복하게 살아가는 방법을 찾고자 했다. 대중이 마음 편하고 행복할 수 있다면 그 또한 세상을 살리는 일이 아니겠는가. 거기에 마음공부한다는 사람들조차 자기 감정을 추스르기 어려워하고, 어리석은 관념 하나 벗어나기 힘들어하니 그런 부분을 해결하고 싶었던 거다.

대중들이 수많은 심리 관련 서적을 읽어도 헷갈릴 수밖에 없는 이유가, 무형의 움직임을 꿰뚫기 전에는 마음을 이해할 수 없기 때문이다.

마음은 내가 일으키고 거두기를 자유롭게 할 수 있어야 한다. 내 마음이니 그래야 당연하다. 하지만 마음의 움직임을 이해 못하면 온갖 현상에 휘둘리게 된다. 반면에 마음을 자유롭게 일으키고 거두며 쓸 수 있다면, 화를 내기도 하나 한순간에 그것을 거둘 수도 있다. 그게 가능하다. 아니 인간이 기계가 아닌데 그럴 수 있을까? 의구심이 생길 수 있으나 그렇지 않다.

마음을 다루고 쓰는 것은 아무런 감정이나 욕구가 없는 게 아니다. 이런저런 감정이 일어나고 생각이나 욕구가 떠오르는데, 이를 조절하며 일으키고 거두는 게 자유로울 수 있다는 뜻이다.

화가 날 때 화를 방치하면 어떻게 되는가? 화가 점점 커지면서 나중에는 모든 것을 때려 부수고 싶고 나 자신까지 파괴하고 싶어진다. 우울할 때도 마찬가지로 아무것도 하기 싫고 끝없이 무기력 속으로 빠져들게 된다. 그 지경까지 가도록 해야 하나? 아니면 내 마음에서 일어나는 것이니 다스려야 하나? 이런 현상은 막연하게 비우고 버린다고 해결되지 않는다.

0계는 귀신 령(靈)을 의미하지 않는다. 알 수 없는 세계이기에 0이라고 표현할 뿐이다. 마음보다 더 깊은 차원으로 볼 수 있다.

기(氣)계는 에너지이며 마음의 움직임에 깊이 관여돼 있다. 기운도 0적인 게 있고, 물질이 갖는 물성기(物性氣)가 있으며, 생각이나 감정이 갖는 의념기(意念氣)가 있다.

어떤 사람은 오감의 공간에서 오감을 빼 버리면 텅 비어 버린다고 주장한다. 말은 참 그럴듯한데 진실과는 거리가 멀다. 아마 그렇게 얘기하는 그 자신조차 잘 모르고 있으리라. 나는 일단 이런 식의 이론이 한계가 있다고 본다.

내가 배운 바로는 오감이 일으키는 의식과 관념이 있고, 이 의식과 관념에 관련된 강력한 기운의 에너지가 있는데, 이게 그냥 빼 버린다고 생각해서 되는 게 아니다. 그 무형의 힘을 다스릴 수 있는 방법이 먼저 필요하다. 그것 또한 깊은 마음을 쓰고, 기운 에너지를 능숙하게 다루는 경지가 돼야 가능한 것이다.

인간이 보고 듣고 느끼며 갖게 되는 관념과 감정이 분명히 있는데 대체 어떻게 빼고 버리라는 것일까? 그걸 말해 주지 않고 그냥 모든 것이 환상이니 무시하라고 조언한다.

그런데 현실은 환상이 아니라 엄연히 현실이며 실상이다. 현실이 환상이고 홀로그램이라고 하면, 개나 호랑이가 덤벼도 가만히 있으라는 것과 마찬가지다. 분명히 짐승에게 물리면 아프고 피가 날 텐데 그저 환상이라고 하면 끝나는가?

내 속에서 일어나는 감정이나 생각, 욕구들이 그저 허상이라고만 할 수가 없다. 그것들이 진정한 나는 아니지만 내가 아닌 것 또한 아니다. 다만 그것을 깨우고 개선하는 방법이 필요한 것이지, 일방적으로 무시하는 건 한계가 있다.

　세상에 움직여지는 모든 현상에는 그만의 법칙이 있다. 물질에는 물리(物理)의 법칙이 있다. 나무를 불에 넣으면 타 버리는 것이 물질이 갖는 물리의 법칙이다. 기분이나 감정도 마찬가지다. 그런 것들이 일어나는 배경에는 관념과 함께 기운의 흐름이 있으며, 이를 기리(氣理)의 법칙이라고 우리는 얘기한다. 그렇다면 이 기운이 움직이는 원리를 알아야 하고, 그 다음에 다스리는 훈련을 해야 하는 것이다.

　우리는 일평생 살아가면서 어쨌거나 마음에 대해 공부하게 된다. 당장 내 마음이 힘들면 그것을 해결하기 위해 애쓰게 되니, 원하든 원치 않든 마음공부를 하는 것이다.

　나는 화가 날 때나 미움이 일어날 때, 그런 감정 이면에 자리 잡은 배경 의식을 깨우고 개선하는 훈련을 했다. 이는 당연히 의식 세계 전반에 대한 원리를 배운 후에 가능한 일이었다.
　무의식들은 교묘하게 얽혀 있어서 처음부터 잘 되지는 않았다. 당장에 화가 일어나면 그 감정에 끌려가고, 미움이나 원망이 일어나면 금세 그 속에 빠져 허우적거렸다. 그럴 때마다 스스로에 대해 실망하기도 했지만 주저앉아 있을 수는 없었다.

· 마음을 다스리는 기초 ·

마음
1. 의식(관념) 관찰, 통찰
2. 의식(관념) 깨우기
3. 의식의 성장, 성숙
4. 의식 계발, 진화

> 의식의 진화는 마음 전체가 진화한다는 뜻으로,
> 마음이 점점 지혜로워짐을 얘기한다.
> 따라서 마음은 비우고 버리는 게 아니라,
> 깨우고 계발하는 방향으로 갈 수 있어야 바람직하다.

나는 내 마음을 다스리고 싶었고 어지간한 일에 흔들리지 않고 싶었다. 사는 게 괴롭고 인간 관계가 힘드니 어떻게든 그런 어려움을 벗어나고 싶었다.

초반에 여러 차례 시행착오를 겪으며 헤맸으나 점차 마음을 '마음대로' 할 수 있게 되니 천국이 따로 없었다. 그만큼 마음이 평정심을 찾아갔다. 늘 마음이 평온하며 잔잔한 기쁨이 일렁이게 되었다. 내가 배운 마음공부가 뛰어나다는 것을 배울수록 실감하고 있다.

우리가 마음에 대해 추구하고 어떤 것을 깨닫게 되는 것은, 한편으로 마음을 키우는 과정이기도 하다. 일상을 지내다 보면 어떤 계기를 통해 문득 깨달음을 경험하는 경우가 있다. 그럴 때 우리는 마음가짐이 달라지는 걸 알게 된다.

이는 한편으로 과거의 좁은 시각이 아닌 폭넓은 시각을 갖게 되는 현상이기도 하다. 크게 깨달은 존재들이 중생과 다른 시각을 갖는 이유가 거기에 있다.

즉, 삶을 보는 시각이 다르고 사람이나 상황을 보는 시각이 다르다. 기존의 내 의식이 주장하는 관념으로 보는 게 아니라 초월적인 입장에서 보니 다를 수밖에 없다.

마음은 우리가 육안으로 파악할 수 없는 무형의 세계에 접근할 수 있게 하는 길라잡이가 된다. 일차원적으로는 마음을 다스리는 것이 중요하나, 진정한 마음공부가 되면 고차원의 깊은 세계를 능히 알고 다룰 수 있는 힘이 생긴다. 그것은 대중이 잘못 알고 있는 깨달음의 경지가 아니라, 삶을 지혜롭게 보며 죽음까지 통찰할 수 있는 경지를 의미한다. 그래서 마음공부는 늙어 죽는 순간까지 할 필요가 있다.

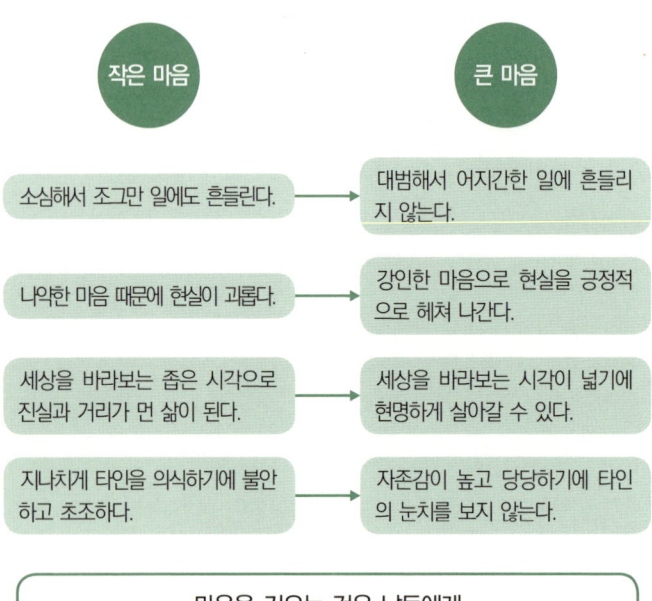

작은 마음	큰 마음
소심해서 조그만 일에도 흔들린다.	대범해서 어지간한 일에 흔들리지 않는다.
나약한 마음 때문에 현실이 괴롭다.	강인한 마음으로 현실을 긍정적으로 헤쳐 나간다.
세상을 바라보는 좁은 시각으로 진실과 거리가 먼 삶이 된다.	세상을 바라보는 시각이 넓기에 현명하게 살아갈 수 있다.
지나치게 타인을 의식하기에 불안하고 초조하다.	자존감이 높고 당당하기에 타인의 눈치를 보지 않는다.

마음을 키우는 것은 남들에게
무조건 양보하거나 자선을 베푸는 의미가 아니다.

마음을 크게 키우는 것은 현명하고 지혜로운 것을 의미하며,
그만큼 삶의 행복과 성공이 뒤따라온다.

항해 같은 인생

어쩌면 우린 태어날 때부터 두 손에
노가 쥐어졌는지 모른다.
인생의 바다를 항해하기 위해.

어린아이가 엎드려서 노 젓는 흉내를 내기도 하는데
어쩌면 아이도 인생이 항해라는 걸 눈치챘나 보다.
아이 역시 인생의 항해를 위해 줄기차게 젖을 먹고
잠을 자며 꿈꾸고 있다.

어른들도 꽃들도 꿈꾸며 항해를 한다.
때로 꿀처럼 다디단 꿈을 꾸는가 하면
사자에게 쫓기는 꿈을 꾸기도 한다.

밤새 어수선하게 꿈을 꾸고 새벽이 되면
또 다시 항해를 시작한다.
순댓국집 아주머니도, 대학생 청년도,
아파트 경비실 아저씨도
열심히 노를 젓고 있다.

근데……
어디로 가는 거죠?

바다에는 언제나 파도가 넘실거린다.
큰 파도 작은 파도
쓰나미같이 무시무시한 파도…….

인생에서도 어찌할 수 없는 파도가
이따금씩 몰려온다.

가끔씩 배가 뒤집힐 때도 있다.
친구가 돈 빌려 가서 감감무소식일 때
내일이 대출 이자 갚을 날인데 통장 액수가 부족할 때
사랑하는 사람이 돈 많은 사람에게 갔을 때.

모든 게 돈 때문인가?

돈은 예뻐해 주고 싶은데 얄밉기만 하다.
언제나 부족하니까 안달이 난다.

돈이 없으면 하루도 살 수가 없다.
돈이 있어야 햄버거를 사 먹고, 미장원에 갈 수 있으며, 고장 난 노트북을 수리할 수 있다.

깊은 산속이나 외딴 바닷가에서
'자연인'으로 살면 좋겠다는 생각을 해 본다.
아무도 없이 자유롭게.
발가벗고 돌아다니며 자유롭게.

그런데, 자연인에게도 돈이 필요하다는…….

개미는 개미들의 세상 속에서 항해를 한다.
사자는 사자들의 세상 속에서 항해를 한다.
같은 초원에서 살아가고 있지만,
각자의 세상 속에서 항해를 하고 있다.

나와 당신은 같은 세상에 있지만
나는 나만의 세상에서
당신은 당신만의 세상에서 살아가게 된다.

마치 개미의 세상과 사자의 세상이 다른 것처럼.

한 집에 살면서 함께 밥을 먹을지라도
나의 세상과 당신의 세상이 다르다.

한 가지 공통적인 건
누구나 항해를 하고 있다는 것.
자신만의 세상 속에서
삶의 항해를 하고 있다는 것.

마음 먼저 다스리고
몸을 다스려야

 오랜 세월의 연구 끝에 정립된 무의식 메커니즘이 더욱 빛을 발하게 된 것은, 정신과 병원에서 프로그램을 운영하게 되면서부터였다. 함께 마음공부하던 후배 중에 정신과 전문의가 있는데, 정신과 전문 병원을 개원하면서 환자들에게 상담과 명상 프로그램을 해 달라는 제의를 받았다. 그 후배는 정신적 고통을 겪는 환자들을 적극적으로 치료하고 싶어 했다. 그때부터 10여 년간 진행된 프로그램은 우리가 연구해 온 결과물이 검증받는 계기가 되었다.

 정신과 병원의 환자들은 우울증과 알코올 중독이 많았다. 그 외에 공황 장애, 조현병, 조울증, 불면증, 불안 장애, 망상증, 분노 조절 장애, 게임 중독까지 다양한 증세의 환자들을 접하게 되었다. 기 수련이나 명상 부작용으로 정신과를 찾는 사람들도 꽤 있었다. 상기증 같은 경우가 그랬는데, 대개 이

병원 저 병원 전전하다가 낫지 않으니 정신과까지 오게 된다. 상기증은 일반인에게는 생소한 병이나, 수행한다는 사람들은 그 병이 치료가 어렵고 잘 낫지 않는다는 걸 알고 있다.

옛날 식의 수행은 氣를 다루는 수련이 많았는데, 문제는 지도하는 사람들조차 기의 세계를 잘 모른다는 거다. 어떤 사람은 30년 가까이 기 수련을 했다는데 정신과에 입원해 있었다. 나중에 알고 보니 氣 수련을 지도하던 사람이어서 놀란 적도 있다.

상기증은 공황 장애나 '자율 신경 실조증' 같은 현상을 동반하기에 매우 공포스럽고, 한마디로 자기 몸이 컨트롤 되지 않는 상황이 돼 버린다. 불면에 시달리고 심장이 멎을 것 같은가 하면, 심한 경우 극심한 두통에 시달리기 일쑤다. 그래서 이 병에 걸린 사람들은 한두 번쯤 응급실에 실려간 경력이 있기도 하다.

기 수련은 초반에 신체 변화가 생기면서 신기한 현상이 일어나기에 빠져들기가 쉽다. 몸이 건강해지는 느낌도 들고, 평소 자신감이 부족했던 사람이 기 수련하면서 당당해지기도 한다. 그런데 문제는 부작용이 생겼을 때 치료가 어렵고 심각한 증세가 생길 수 있다는 거다. 특히 소심하거나 심리가 예민하고 스트레스를 잘 받는 성향의 사람들이 그런 경우가 많다.

사람들은 氣의 세계를 대단히 신비롭고 특별한 것으로 여기는데 실은 그렇지 않다. 자꾸 기 수련하는 사람들이 초능력 얘기를 하고, 기공 치유로 불치병이 낫는다고 하니 현혹되는데 신중할 필요가 있다.

기의 세계 역시 무의식의 세계만큼이나 복잡한 구조이기에 그 이치를 제대로 아는 지도자를 만나기가 쉽지 않다. 그런데 그 이전에 우리가 상식적으로 판단해 볼 필요가 있다.
氣는 에너지 같은 것이고 심리에도 영향을 주게 돼 있다. 그런 만큼 바람직한 인식이 먼저 필요하다.
기 수련하는 사람들은 기운을 모으고 운기한다 하며 초능력 같은 현상을 얘기하고, 탁한 기운을 빼고 맑은 기운을 넣는다고 하는데, 이는 참으로 어리석은 발상이다. 그런 식으로 특별한 현상을 기대하면 안 된다.
氣가 우리 생활에 직접적으로 영향을 끼치는 것은 무엇보다도 심리다. 우리의 복잡한 심리야말로 기운과 직결돼 있다. 그런데 사람들은 이걸 모른 채, 엉뚱한 것에서 이상한 현상만을 기대하고 있다.

화가 날 때는 화의 기운이 가득하고, 미워할 때는 미움의 기운이 가득하게 된다. 그렇게 우리 의식과 관념, 기분과 감정, 욕망들은 기운과 직결돼 있다. 즉 의식과 기운이 결합되는 과정은 매우 복잡한 이치를 갖고 있다. 그래서 기운을 모으고 운기하는 건 위험 요소가 많다. 대지의 정기를 모아서 어쩌고 하는 것은 커다란 착각이다. 소위 기 수련 전문가라는 이들도 기운과 심리의 메커니즘은 접근조차 못하고 있다. 그래서 많은 어려움을 겪게 되는 것이다.

사람이 마음 한번 잘못 먹으면 순식간에 분노에 빠지고 불안에 빠지는데 마음을 깨우쳐야 되지 기운만 갖고 씨름해서 될까? 기 수련하는 것보다 깊은 마음을 공부하는 게 현실 생활에 훨씬 이롭다.

우리가 집에서 전기를 쓸 때도 적합한 제품을 써야 탈이 없는 법이다. 무리하게 쓰다 보면 화재가 나고 감전이 되기도 한다. 氣 수련도 마찬가지다. 작동 원리도 모르면서 무턱대고 가르치거나 배우는 건 정말 위험하고 어리석다.

나는 애초에 氣를 쓰는 게 아니라 마음을 쓰는 것을 배웠기에, 솔직히 氣에 관심도 없을뿐더러 기 수련할 생각도 없다.

정신과 병원에 있으면서 기 수련의 부작용에 능숙하게 접근한 분이 진 선생이다. 우리 마음공부가 기의 한계를 가볍게 뛰어넘어 몇 차원이 높은 만큼, 氣의 부작용 정도야 얼마든지 접근하기가 쉬웠다. 더구나 진 선생은 일찍감치 질병과 심리의 메커니즘을 연구해 온 분이니, 온갖 질병에 대해 의사 이상으로 꿰뚫고 있었다.

인간에게는 뛰어난 '자가 치유력'이 내재돼 있다. 우리 내면에는 스스로를 치유할 수 있는 힘이 존재한다. 암에 걸린 사람조차 마음을 바꾸고 생활 습관을 바꾸면 자가 치유되는 경우가 꽤 있다. 여기서 중요한 것이 바로 그 사람의 마음가짐이다. 평소의 스트레스를 줄이려면 마음을 개선하는 것이 정답이다.

모든 질병의 시작은 스트레스이고, 그것을 해결하는 첫 시작은 마음을 변화시키는 작업이다. 한마디로 마음을 공부해야 한다. 바람직한 마음공부를 하게 되면 자가 치유력이 크게 살아날 수 있다.

나는 오랫동안 마음공부하고 명상을 하면서, 여러 사람들이 질병이 호전되는 것을 많이 목격했다. 나의 경우도 우울을 벗어난 것은 기본이고, 결혼 후 오랫동안 앓았던 주부 습진이나 심한 무좀이 나았다는 게 놀랍다. 아무리 병원을 여기저기 다니며 약을 먹고 바르고, 갖가지 민간요법을 해봐도 별 소용이 없었기 때문에 더 놀라웠다.

그것은 내가 가진 고질적인 어떤 무의식에 대해 깨닫고 나서부터 서서히 증세가 사라지게 되었다. 시간이 걸리기는 했으나 나의 무의식적인 스트레스가 풀리면서 가능했던 일이다.

주부 습진이나 아토피, 무좀 같은 피부 질환은 겪어본 사람들은 공감할 것이다. 그런 질병이 얼마나 괴롭고 짜증나는 것인지! 다른 질병도 그렇지만 겉으로 드러난 피부 질환은 마음까지 피폐하게 만든다.

나는 결혼하고 바로 주부 습진에 시달렸다. 신혼 초 몇 년을 농사짓는 시부모님과 지내면서 몹시 힘들었다. 나의 예민한 성격도 문제였으나, 위생 관념이 별로 없는 시부모님과 지내게 되니 하루에도 수없이 걸레질을 해야 했다. 자연히 손에 물을 많이 묻히고 스트레스가 심해지면서 습진에 시달리게 되었다. 농사짓는 시골집에 먼지가 많은 건 당연하고, 거기에 불 때는 아궁이까지 있으니 도시 아파트처럼 깨끗하길 기대하는 게 무리였다.

요즘에야 시골에서 장작불 피우고 가마솥에 닭 백숙 끓이는 일이 낭만이요 힐링이지만, 막상 그곳에 살면서 노동에 시달리다 보면 낭만이 될 수가 없다. 더구나 나는 철없는 외동딸로 컸으니 어수선한 시골 살림이 마음에 들 리가 없었다. 그러니 스트레스는 터질 듯이 쌓이고 주부 습진은 사계절 내내 나를 괴롭혔다. 특히 여름철에는 진물이 나고 허물이 벗겨지면서 퉁퉁 부어올라 괴물 손 같았다. 그럴 때마다 많이 절망스럽고 우울했다. 살고 싶지 않을 정도로 그랬다.

모든 질병에는 발생 원리가 있어서 이걸 파악하게 되면 자가 치유가 가능해진다. 질병이 발생한 배경에는 그 사람이 갖고 있는 마음가짐과 생활 태도가 작용하게 돼 있다.
결국 질병이 발생하는 것은 삶의 제반 문제들이 시작점이 된다. 그중에 가장 큰 비중을 차지하는 것이 스트레스이며, 스트레스를 받는 심리가 중요한 이슈가 될 수밖에 없다.

가령 어떤 사람이 알코올 중독이라면 날마다 술을 마시는 생활 태도가 문제이지만, 그것을 있게 하는 것 역시 마음(의식, 관념들)이 된다. 평소에 화가 나도 술, 기분 좋아도 술, 비가 와도 술, 친구 만나도 술이 있어야 한다는 그런 관념, 의식들이 마음에 짙게 깔려 있기에 문제가 되는 것이다. 이 근본적인 의식을 개선하지 않고는 중독을 벗어나기가 매우 어렵다.

어떤 중독이든 마찬가지다. 게임이나 스마트폰, 도박 중독, 음식 중독 등 여러 중독 증세를 병원에서 프로그램을 통해 해결한 경우가 많았다. 그게 가능했던 것은 무의식을 다룰 수 있었기 때문이었다.

분노 조절 장애나 반사회적 인격 장애 같은 경우도 그렇다. 똑같은 상황도 어떤 사람은 화를 내고, 어떤 사람은 껄껄 웃는다. 어째서 똑같은 상황을 다르게 받아들이는 걸까? 그것은 바로 그 사람이 갖고 있는 관념, 마인드, 성격 등등에 따른 차이이며, 그것을 형성하는 것이 결국 무의식이다. 즉, 마음의 밑바닥에 깔려 있는 무의식들이 스트레스와 질병의 원인이 된다.

그래서 동의보감의 허준 선생이 "마음을 먼저 다스리고 몸을 다스려라"라고 말씀한 것이다. 내 마음이 사물을 어떻게 바라보고 느끼는가에 따라 스트레스가 생길 수도 있고 아닐 수도 있다.

그로 인해 같은 환경에서도 어떤 사람은 질병이 발생하고 어떤 사람은 건강하게 살아가는 것이다.

나를 신나게 하는
마음경영

　마음을 다스리고 계발하는 전반적인 과정을 마음경영이라고 한다. 회사를 경영하고 떡볶이집을 경영하듯이 마음도 경영해야 한다. 사람의 관계도 한편으로 경영이요, 직장이나 학교에 다니는 일상도 경영이다. 인생 전반을 경영하는 것으로 볼 때 가장 근본이 되는 건 역시 마음경영이다.

　〈SIM마음경영〉은 20년 이상의 세월 동안 다듬어지고 정립되면서 탄생한 마음공부의 집약이라고 볼 수 있다. 20여 년 동안 명상과 상담 프로그램, 건강 프로그램, 청소년 교육 프로그램 등을 운영하면서, 그 속에서 적용되고 업그레이드되면서 탄생한 마음경영 비법이다.
　이는 매우 뛰어난 명상을 통해 인간의 무의식에 접근하고, 깊은 마음과 영적 능력을 쓰는 경지에서 탄생한 프로그램이다.

인간의 정신, 의식, 무의식, 더 깊은 마음의 세계는 아무나 쉽게 다가설 수 있는 영역이 아니다. 그만큼 난해하고 복잡한 세계가 바로 마음의 세계다.

인간의 잠재 능력이 마음에 있고 자가 치유력이나 지혜 역시 마음에서 생기는 능력이다. 해서 마음경영을 통해 잠재력을 최대한 이끌어 내면 행복하게 살 수 있는 방편이 된다.

그뿐 아니라 차원이 다른 영적 능력도 마음경영 이후에 접근이 가능하다고 할 수 있다. 하지만 영적인 차원에 대해서는 별로 언급할 생각이 없다. 왜냐하면 사람들이 갖고 있는 개념이 오류가 많아서 자칫 오해를 불러일으킬 수 있기 때문이다.

진정한 영적 힘은 신비한 것이 아니다. 이 역시 원리와 이치를 갖고 있으며 과학적인 메커니즘이 존재하는데, 사람들은 그저 신비하고 특별한 무엇으로만 해석해 버린다. 실제로 세상에서 떠들어 대는 영적 능력들은 황당하고 이상한 모습이 너무 많다.

기운의 세계나 마음의 세계를 제대로 알지 못하면서 영적 세계 운운하니 어이가 없는데, 대중들이 잘 모르는 세계이니 사기꾼(?)이 많기도 하다. 그래서 유난히 도사들이 많은 게 현실이다. 온라인 방송에 수두룩한 영적 지도자 대부분이 그렇다.

인터넷이 발달하고 너도나도 유튜버가 되는 세상이다. 그런만큼 검증되지 않은 명상법이나 괴상한 비법도 참 많다. 개중에는 사람들을 현혹시키는 내용이 얼마나 많은지 모른다.

시대가 빠르게 변화하고 인간관계나 사회 생활이 어려워지는만큼, 사람들은 더욱 행복을 갈망하고 잘 살고 싶어한다. 그래서 요즘 온라인 채널에 넘쳐나는 내용 중에 인기 높은 주제가 행운이라고 한다. 행운을 부르는 법, 풍요를 누리는 법, 우주의 에너지와 파동을 맞춰서 무엇을 끌어당기고 해빙(having)을 느끼고……. 얼핏 보면 당장에라도 행운과 행복을 가져다 줄 것처럼 얘기들을 하고 있다.

누구라도 행복하고 싶기에, 불확실한 삶을 살아가는 사람들이 편안하고 싶어서 그런 주제들을 찾는다. 그런 심정은 이해가 된다.

현실이 불안하고 미래가 어두우니 지푸라기라도 잡고 싶다. 미래가 걱정인 청년들도 그렇지만 기성 세대도 마찬가지다. 그런데 내가 간절히 원하기만 하면 얼마든지 해빙이 가능하다는데 정말 그럴까?

베스트셀러 책들 역시 부와 성공을 얘기하고 우주의 풍요를 강조하고 있다. 돈을 끌어당기고, 행복을 끌어당기고, 그러기 위해 확언을 하고 감사 노트를 적으라고 한다. 하지만 정작 마음속에는 불만과 불평이 가득한데, 애써 그것을 외면하고 오로지 '감사합니다'만 되뇌면 원하는 것을 가질 수 있을까?

우리는 끊임없이 욕망과 욕구에 시달리며 살아간다. 인터넷 서핑을 하거나 TV 홈쇼핑을 보면 자꾸만 사고 싶은 욕구에 시달리게 된다. 이렇듯 욕구와 욕망은 끝이 없는데, 우주가 친절하게 이런 것들을 해결해 준다고 얘기한다.

우리가 막연히 우주라고 상상하는 세계와 인간의 욕망 관계를 다시 생각해 볼 필요가 있다. 과연 대중이 정의하고 있는 우주는 대체 어떤 모습일까. 우주에 대한 우리의 관념은 어떻게 굳어져 있을까.

우주는 오랜 옛날부터 욕구를 품고 진화해 온 게 사실이다. 수많은 생명이 태어나고 사라지면서 오로지 더 나은 삶의 조건을 찾아 도전하며 욕구를 구현하고자 했다. 이는 한편으로 진화의 몸부림이며 아름다운 욕구와 욕망의 모습이기도 하다.

내 속에 꿈틀대는 욕구와 욕망 또한 오래된 우주로부터 전해진 순수한 욕망일 수 있다. 더 나은 내일을 바라고 더 멋진 나를 만들기 위해, 마음 깊은 곳에서 꿈틀대는 욕구와 욕망을 느낀다. 다만 그것을 순수하게 찾아가기보다 자꾸 왜곡하고 잘못 해석하는 바람에 돈이나 명성, 권력이 욕망의 전부인 양 인식할 뿐이다.

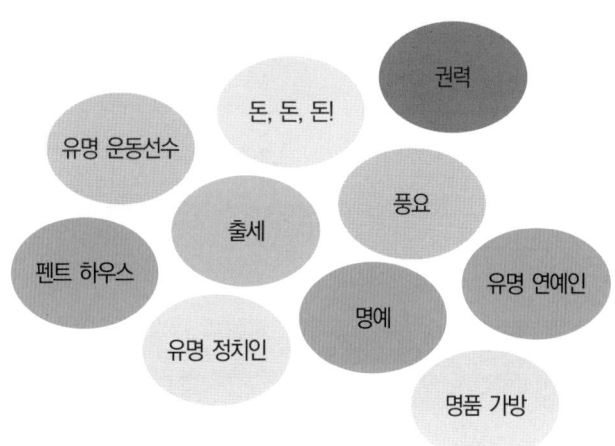

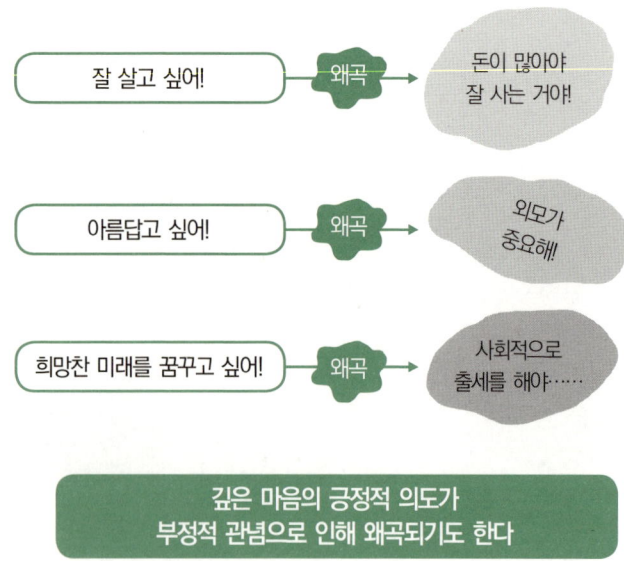

허나 이제라도 우주에 대한 개념을 바르게 정립할 필요가 있다. 즉, 이 우주는 물질적 풍요로움으로 가득 차 있다기보다, 도전과 시도를 위한 장(field)으로 봐야 한다. 우주는 내가 원하는 대로 풍요를 주는 것이 아니라, 그런 것을 획득할 수 있는 능력을 갖추기 원하고 있다.

우주는 오랜 세월 척박한 환경을 극복하며 진화해 왔다. 오늘날처럼 수많은 생명이 살기까지 매우 오랜 세월을 진화의 몸부림을 친 것이다.

사람들은 불가사의하고 신비한 우주를 영적이니 뭐니 하면서 신성시하는데 그 속에도 모순이 있다. 우리는 우주를 영적이라고 하면서, 막상 초점은 물질적인 것에 가 있다. 정신적인 것이 아니라 물질적 풍요와 안락함을 요구하고 있는 것이다.

영적이라는 것은 한마디로 '무형'의 세계를 의미한다. 눈에 보이지 않는 세계를 의미하는데, 거기에다 대고 돈과 행운을 달라고 하니 모순이 아닌가? 대체 영적인 우주가 무슨 이유로 인간들에게 물질적 풍요를 채워 주려고 할까? 그게 우주가 바라는 궁극의 목적일까?

아닐 것이다. 나는 그렇게 생각하지 않는다. 이 우주는 인간이 상상하는 것처럼 물질적으로 풍요롭거나 완벽하지 않다.

왜냐하면 문명이 발달한 현대에도 산불이나 홍수는 여전히 위협적이고, 바이러스 역시 만만치가 않으니 말이다. 코로나19 때문에 인류가 얼마나 위험하고 불안한 나날을 보내고 있는가. 그런 면에서 우리가 상상하는 물질적으로 풍요로운 우주와 실제의 우주는 다를 것이다. 이것 또한 제대로 개념 정리할 필요가 있다.

나는 이 우주가 인간들에게 물질적인 추구보다 정신적인 진화를 요구한다고 생각한다. 인간의 마음과 정신, 더 나아가 영적인 진화를 목적으로 하는 것이다. 그러니 탐욕스런 기대는 하지 않는 게 건강에 좋지 않을까 싶다.

무턱대고 부와 풍요를 기대하면서 하루하루 불안하게 살기보다, 나를 다스리고 계발하면서 마음이 풍요로워지는 능력을 갖는 게 차라리 낫다. 내가 노력하고 능력을 갖추게 되면 행운은 따라올 수 있다. 행운이 아니더라도 내 노력과 능력만큼의 결과물이 주어지게 된다. 물론 그렇지 않은 경우도 있겠다. 어차피 인생이란 한 치 앞을 모르는 것이니까. 인생이 어디 내 마음대로 되는가. 다만 최선을 다할 뿐이리라.

소녀와 아버지

아버지는 짙은 남색 양복을 입고 저만치 앞서 걸었다. 아무 말 없이 그저 걷고만 있었다. 날씨는 화창한 4월이었다. 온 천지가 꽃밭 같아서 산이며 들이며 꽃 잔치가 열리는 듯했다. 바람이 불 때마다 희고 붉은 꽃잎들이 춤추듯 흩날리고 있었다. 맑은 시냇물은 개구쟁이처럼 송사리 떼를 간질이며 내달리고, 하늘에는 종달새가 경쾌하게 노래하고 있었다.

소녀는 아버지를 따라 열심히 걸어야 했다. 보폭이 큰 아버지를 뒤따라가려니 잠시도 쉴 틈이 없었다. 그래도 세상이 너무 예뻐서 온통 사방을 두리번거리며 걸었다.

개울을 건너고 들길을 지나고 야트막한 산길로 접어들었다. 길은 이리저리 구불거리며 낯선 이방인 부녀를 맞이하고 있었다. 한적한 마을을 지날 때면 길가에 졸던 강아지가 멍멍 짖기도 하고, 어미 제비가 새끼들 밥 먹이느라 바쁜 모습도 보였다.

아버지는 무슨 생각에 골몰하는지 아무 말이 없었다. 소녀는 그저 아버지를 뒤쫓아 가며 낯선 길을 걸었다. 아무리 걸어도 학교는 쉽사리 나타나지 않았다. 대체 얼마나 더 가야 하는지, 앞으로 어떻게 이 길을 오가야 할지 소녀는 막막했지만 묻지 않았다.

소녀는 으레 그러려니 생각했다. 전에 다니던 학교도 그랬으니까. 이상하게도 학교는 늘 멀리 있었다. 학교는 늘 집에서 멀리 떨어진 장소로 기억되고 있었다. 어린 소녀에겐 끝없이 먼 길이었다.

한 시간 남짓을 그렇게 걸었다. 말없이 그저 걷기만 했다. 새로운 학교에 전학을 가는 길이어서 모든 게 낯설었다. 그럼에도 그 날의 눈부신 풍경은 한 컷의 사진처럼 남아 있다.

언제나 전학 가던 그날을 떠올리면 남색 양복을 입은 아버지와 작고 깡마른 소녀의 모습이 전부다. 하나의 스틸 사진처럼 들길을 걷는 아버지와 소녀……. 그날 아침에 무슨 일이 있었는지, 학교에 가서는 어떻게 선생님과 친구들을 만났는지 아무런 기억이 없다. 그저 눈부신 봄날, 남색 양복 차림의 아버지와 작은 소녀가 들길을 걷는 장면만이 또렷하게 남아 있을 뿐이다.

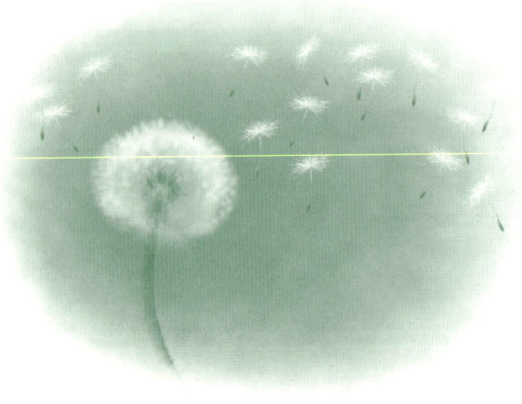

III

명상, 빛나는 고요

흐름의 명상

상쾌한 아침, 새들이 재재거리고 햇살이 창으로 스며든다.
가만히 폭신한 방석에 앉아 눈을 감는다.
음악과 함께 마음이 흐른다. 이리저리 그렇게……
마음이 흐르는 대로 그저 여유롭게 지켜본다.
불쑥 일어나는 생각도 그저 지켜볼 뿐이다.
때로 슬픈 생각이 일기도 하고
문득 엄마가 그립기도 하고
오늘 저녁에 무얼 먹을까 생각나기도 한다.

이런저런 생각이 일었다가 밀어지고, 다시 일어난다.
모든 것이 물처럼 바람처럼 내 안에서 흐르고 있다.
잠시 음악에 심취하기도 하고
음악에 맞춰 가벼운 춤 같은 몸짓이 나오기도 한다.

간밤에 꾸었던 꿈이 생각나는가 하면
친구와의 갈등이 떠오를 때도 있다.
그때 철없던 시절, 어처구니없는 일이 생각날 때면
가만히 성찰의 시간을 가져 본다.
성찰은 나를 못났다고 꾸짖는 게 아니라
더 나은 미래를 위해
나를 다독이며 격려하는 것이다.

명상을 하다 보면 내 못난 구석이 보이기도 하고
남이 서운케 했던 일도 생각나고
당장 풀리지 않는 일들이 불안하게 스치기도 한다.

이 모든 현상을 그저 담담하게 지켜본다.
그저 여유롭게 지켜볼 뿐이다.
그 어떤 생각이나 감정도 '나'의 전부가 아니기에
넉넉하게 지켜볼 수 있다.

처음 명상을 배울 때 나는 그게 얼마나 좋은지 몰랐다. 그냥 맹숭맹숭하기도 하고 별다른 느낌이 일지 않았다. 그저 여럿이 모여 음악 들으며 조용히 흘러가는 시간이 좋은 정도였다. 혼자 할 때도 마찬가지였다. 이따금 경이롭고 환상적인 순간이 있었지만 그때뿐이었다. 오히려 그런 것에 현혹되지 말라고 배웠다.

명상을 한다고 해서 단박에 마음이 평온해지고 즐거운 건 아니다. 운전을 처음 배운다고 가정해 보자. 도무지 뭐가 뭔지 모르겠고 서툴 수밖에 없다. 명상도 그렇다. 평소 머리만 쓰며 지내다가 가만히 앉아 있다 보면 온갖 잡생각 때문에 혼란에 빠지기도 한다. 모처럼 마음 편하려고 명상하는데 웬 생각이 그리도 많을까. 무아의 경지가 있다는데 어떻게 해야 그 경지까지 가는지……. 그럴 때 초보자들은 난감해지면서 명상이 잘 안 된다고 투덜거리게 된다.

여기서 각자 명상에 대한 개념을 정리할 필요가 있다. 사람들은 대개 명상을 하면서 생각이 사라지고 마음이 무아의 상태이기를 바라는데 굳이 그럴 게 아니다. 주변이 시끄럽다고 명상이 안 되는 것도 아니다.

명상을 한다고 가만히 앉아 있다 보면 기다렸다는 듯이 온갖 생각이 일어나게 돼 있다. 우리가 달리기를 할 때나 요리할 때 잡생각에 시달리진 않는다. 그저 열심히 달리거나 요리에 집중할 뿐이다. 그런데 가만히 앉아 있으면 반대로 내면이 활발하게 움직이면서, 온갖 생각과 감정, 욕구들이 일어나게 돼 있다. 이는 정중동(靜中動)이라고 해서, 조용한 가운데 마음의 움직임이 활발해지는 현상이다.

불쑥 과거의 잘못이 떠오르고, 잊었던 친구나 연인이 생각나고, 미래에 대한 걱정이 일고……. 여간 속이 시끄러운 게 아니다. 문제는 대부분의 명상법이 그런 현상을 멈추거나 외면하려고 애쓰면서 다른 것에 집중하기를 요구한다.

수많은 명상이 이 부분에서 시원한 해법을 제시하지 못한다. 생각이 일고 걱정이 일고 온갖 감정이 일어나는데, 이 모두가 무의식의 현상이니 접근할 방법이 없다.

바람직한 명상은 집중보다 흐름을 중시한다. 명상은 집중보다 흐름이 편안하고 자유롭다. 굳이 집중할 필요가 없는 것이, 의식 세계 메커니즘을 알게 되면 어리석은 생각이나 의식을 깨우고 개선하면서 쉽게 풀어질 수 있기 때문이다. 그러니 신경을 곤두세우고 무언가에 집중할 이유가 없다. 모든 것이 내 안에서 자연스레 흐르며 정리되는 방법이 있다.

집중을 강조하는 명상은 결국 그 집중으로 인해 무의식적 스트레스를 만들기도 한다. 호흡에 집중하는 명상을 하다가 상기증 증세로 찾아오는 사람들이 의외로 많다.

우리들 내면에는 온갖 의식들이 쌓여 있다. 마치 낡은 창고에 잡동사니가 쌓여 있는 것처럼 케케묵은 관념들과 미성숙한 의식들이 많다. 즉, 부끄러운 모습도 있고 기억하고 싶지 않은 상처들도 있다. 그런 잡다한 현상의 의식들이 낯설 수 있다. 그런데 강물이 유유히 흐르다 보면 점차 맑아지는 것처럼 명상의 시간도 마찬가지다.

내 마음이 이리저리 흐르다 보면 조금씩 정리가 되고 맑아지는 걸 느낄 수 있다. 그러니 서두를 것도 초조할 것도 없다. 이런저런 생각이 흐르고, 느낌이 흐르고, 감정이 흐르면서 의식들이 정리 정돈이 된다. 그 모든 과정을 기꺼이 즐기며 볼 수 있다면 명상이 참 즐거운 시간이 된다.

그럼에도 반복적으로 일어나는 부정적 생각이나 감정이 있다면 반드시 관련 의식을 치유, 개선하는 과정이 필요하다. 이 부분은 무의식 메커니즘을 아는 전문가의 도움이 중요하다. 혼자서는 접근이 거의 불가능하기 때문이다. 전문가의 지도에 따라 체계적으로 배우게 되면 흥미롭게 나를 깨우며 발전해 갈 수 있다.

나를 사랑하는 시간, 명상

 명상을 하는 동안은 내가 진솔해지는 시간이며 내 삶에 진심을 다하는 시간이 된다. 그러니 굳이 나를 포장할 것도 없고 비난할 이유도 없다. 자책이나 자기 비하도 금물이다. 그저 순수하게 나를 만나는 시간이 되면 좋다.

 어떤 사람들은 평상시에 너무 부대끼는 게 많다 보니, 무조건 고요하고 평온한 상태만 가지려고 한다. 아무 생각 없이 그저 마음이 잠잠하기를 바라고 있다. 게다가 깨달음을 갈망하는 사람들은 어떠한가?

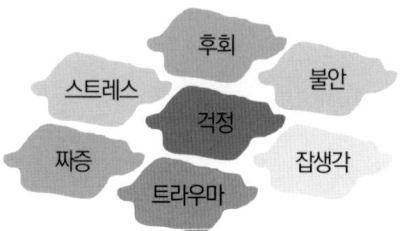

모든 번뇌를 끊고 삼매(三昧)[4]에 들기 바라고, 괴로움이 멸(滅)한 상태의 적정(寂靜)[5]에 도달하려고 무진장 애쓰게 된다. 마음에 번뇌가 없고 어떤 감정이나 욕망에도 괴로워하지 않고자 깨달음의 경지를 원하는 것이다.

한데 이런 식의 명상에 맛들인 사람은 점점 현실에서 괴리되는 부작용이 생길 수 있다. 현실에서 부대끼는 인간관계나 공부가 하기 싫고 불편한 것투성이니, 이것에서 멀어지고 싶은 거다. 그러고는 삼매와 적정 속에서 깨닫고 싶어하는데 잘 안 된다. 어째서?

이 부분도 상식적으로 생각해 보면 답이 나온다. 명상을 하

---

[4] 삼매(三昧): 불교의 수행법 중 하나로 마음을 한 곳에 순수히 집중하여 고요해진 상태.

[5] 적정(寂靜): 수많은 번뇌를 소멸하여 괴로움도 즐거움도 없는 맑고 고요한 상태.

는 것은 내 일상을 쾌적하게 경영하기 위함인데, 현실을 피하면서 고요하기만 바라니 타당하지가 않다.

현실을 자꾸 피해서 특별한 깨달음을 바라는 만큼 세상살이는 점점 힘들어지고, 나중에는 엉뚱한 환상 속에서 자신이 깨달은 줄 착각하게 된다. 그렇게 되면 삶이 불행해진다. 다만 자기 자신만 모를 뿐이다.

명상은 물처럼 바람처럼 '무위'의 소통이 되야 바람직하다. 인위적인 행태를 고집하지 말고 내면과 깊이 소통하는 무위(無爲)로 가야 한다. 무위란 생각이나 욕심을 따라 무엇을 억지로 하는 게 아니라, 자연의 순리에 내맡기어 흐름을 의미한다.

우리는 일상생활에서 수많은 형식과 틀에 얽매어 살아간다. 그러니 명상할 때만이라도 자유로워야 하지 않겠는가.

무위의 소통이란 내 생각대로 고집대로 끌고 가는 것이 아니라, 깊은 마음이 자유롭게 드러나고 흐르게 함을 의미한다.

평소 우리는 마음을 따라가기보다 생각을 따라가는 데 익숙하다. 생각이 먼저 일어나게 되니, 습관처럼 생각나는 대로 행동하고 후회하는 경우가 많다.

명상은 내 좁은 생각 대신에 깊은 마음의 지혜를 만나는 행위다. 그러니 생각이 주도하는 게 아니라 마음이 주도할 수 있도록 맡기는 자세가 필요하다. 그것이 물 흐르듯이 무위로 해야 하는 이유다.

많은 명상가들이 의식 세계를 잘 모르니, 오로지 이 순간만 충실하게 깨어 있으라고 강조하는 경우도 많다. 명상이 무위로 흘러야 하는데 인위적으로 집중하라는 소리다.

그네들은 이 순간 외에 다른 것은 의미가 없다고 한다. 오로지 이 순간에 깨어 있으라고만 할 뿐이다. 과거도 미래도 생각하지 말라고 하면서 말이다. 하지만 이런 방법이 바람직할까?

이 역시 답답한 명상법이다. 인간은 밝은 미래를 그려야 마음이 즐거운 법이고, 불행한 과거는 승화시킬 수 있어야 한다. 그래야 현실이 설레고 즐거울 텐데 억지로 현실에만 깨어 있으라 하니 얼마나 답답한 노릇인가. 구체적인 실천 방법은 제시하지 않고 그저 막연하게 표현을 하고 있다.

불교식의 마음공부나 그 외 수많은 명상들이 대부분 집중을 강조하는 경우가 많은 것도 아쉽다. 뭔가 바람직한 대안을 제시하는 게 아니라 그저 비우고 버리라고 하거나, 이 순간에만 집중하라고 한다.

그런데 사람이 바보가 아닌 바에야 어떻게 줄줄이 떠오르는 생각을 외면하고 앉아 있겠는가. 오로지 이 순간에 깨어 있는 다고 해서 제멋대로 날뛰는 생각이 근본적으로 사라질까? 이런 방법은 굉장한 한계에 부딪치고 만다.

내게서 일어나는 모든 현상을 빠짐없이 주시하는 명상 역시 어렵기는 매한가지다. 나를 관찰하는 것까지는 좋은데, 문제는 너무 자세히 들여다보면서 그만 거기에 묶이고 만다. 더구나 내 단점이나 문제점이 자꾸 보이니 괴로운데 해결할 방법이 없는 거다. 그래서 나중에는 나를 보는 것에 지쳐 버리게 된다.
'아, 나는 문제 많은 인간이야.'
'아, 나는 노력해도 안 되나 봐······.' 이런 식이다.
나를 봐도 대안이 없고 문제가 해결되지 않으니 지칠 수밖에 없다.

이제 더 이상 그런 식의 명상으로 헤맬 이유가 없다. 무의식의 구조와 원리를 배우게 되면 굳이 다른 것에 집중하거나 내 문제를 바라보다 지칠 게 없다. 그저 어린 의식은 성장시키고, 어리석은 의식은 개선하고 계발하면 된다. 그 방법이 'SIM마음경영' 프로그램에 다 녹아 있다.

나는 명상을 통해 나의 잠재력을 계발할 수 있었고, 삶을 통찰하는 능력을 갖게 되었다. 길고 긴 우울의 터널에서 빠져나와 정신적으로 성숙해지고 현명해진 게 얼마나 다행인지! 어둡게만 보이던 세상이 진실이 아님을 깨달았고, 인간관계에서 오는 여러 가지 불편함이나 갈등이 사라진 게 놀라울 따름이다.

　이것은 마치 우물 안에 있던 개구리가 좁은 하늘이 전부인 줄 알고 살아가다가, 어느 날 우물 밖을 나와 드넓은 세상을 보게 된 것과 마찬가지다. 어리석은 나를 깨우고 세상을 현명한 시각으로 볼 수 있다는 건 얼마나 행복한 일인지 모른다. 마음공부가 깊어질수록 삶의 깊은 맛을 느끼게 된다.

나를 찾아가는
명상

　세상에는 수천 가지 명상 방법이 있다. 어느 동네에나 명상 센터가 있고 유튜브에도 갖가지 명상법이 등장한다. 그중에 나에게 맞는 명상을 골라서 하면 되니 한편으로 편리한 감이 있다. 한데 문제는 그 많은 명상법이 과연 얼마나 효과적이며 일상을 바람직하게 하는지 의구심이 든다.
　세상에 온갖 음식이 있으나 이로운 음식이 있고 해로운 음식도 있는 것처럼 명상도 그렇다. 음식이야 내가 먹어 보거나 전문가 분석을 통해 가릴 수 있지만, 명상은 눈에 보이지 않는 마음을 다루는 것이니 옥석을 가리기가 어렵다.

　내가 배운 명상은 일반적인 명상과 다른 면이 많다. 명상이 대개 비슷할 거라고 생각할 수 있으나 그렇지 않다. 명상도 인류 역사만큼이나 오래되었고 종류도 다양하다.

명상이 동양에서 서양으로 건너가 귀한 대접을 받게 된 것은, 건강에 꽤나 도움이 되면서부터이다. 몸이 아픈 사람들이 명상을 통해 치유력이 살아나고, 통증이 완화되는 효과를 보면서 활용이 다양해졌다. 특히 스트레스가 많은 현대인에게 명상은 편안한 휴식과 함께 마음을 밝게 해 주는 효과가 있다. 유명 인사들이 명상을 하면서 오늘날 명상은 꽤나 고급스런 여가 활동의 하나가 되었다.

 과거의 명상은 대개 깨달음을 얻기 위한 방편으로 행해졌다. '나는 누구인가?'라는 의문을 갖고, 이를 해결하기 위해 내면으로 깊이 찾아 들어가는 것이다. 그러나 무의식과 마음의 세계 전반을 모르는 채 찾아 들어가니 어려울 수밖에 없었다.
 내면으로 들어가다 보면 온갖 감정과 욕망이 들끓고 있기에 헤치고 찾아 들어가기 어려웠다. 그러니 생각을 끊어야 하고 욕망과 욕구를 억눌러야 했다. 심지어 가족의 인연을 끊고 깊은 산속으로 들어가기도 한다. 허나 산속에 홀로 있다고 해서 내면의 복잡한 심경이 가라앉을까? 그게 쉽지 않다.

· 명상의 종류 ·

| 일반적인 명상 | 스트레스 해소와 심신의 이완 |

| 전통적인 명상 | 과거 수천 년 동안 있어 온 명상으로, 내 속의 본성(참나, 주인공)을 찾아가기 위함 |

| 진화한 명상 | 내 속에 본성(참나, 주인공)을 만남으로부터 시작하는 명상 |

오히려 조용하다 보니 속이 더 시끄럽기도 하다. 오죽하면 수행한다고 손가락을 자르기도 하고 밥을 굶어 가며 고행을 하겠는가. 그만큼 주인공(본성) 찾기가 어렵다는 얘기다.

마음을 공부하는 것은 길 없는 길을 가는 것이요, 문 없는 문을 통과하는 거라고 한다. 길이 눈에 보이지 않는데 그 길을 더듬거리며 가야 하고, 문이 어디 있는지 모르나 그 문을 통과해야 한다. 그래서 지혜로운 스승을 만나는 것이 행운이고 함께 가는 동지가 필요한 것이다. 혼자서 가기에는 도처에 함정이 많다.

인간은 태생적으로 지적 호기심이 많은 동물이다. 그런 호기심과 갈망이 오늘날의 문명을 이루었고, 정신적인 추구를 하는 동력이 되었다. 특히 명상이라는 행위를 통해 나의 정체성을 찾아가고자 시도한 것은, 인류사에 있어서 위대한 발자취의 하나가 된다고 생각한다.

· 본성을 찾아가는 전통적 명상 ·

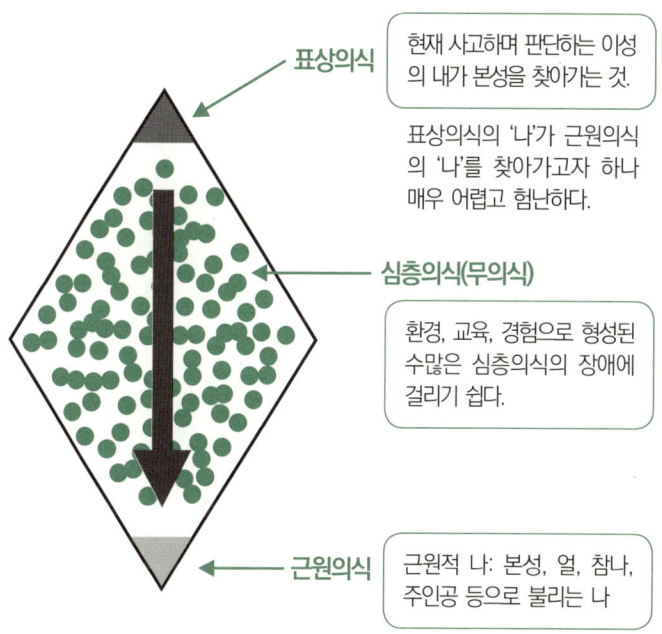

본성을 찾아가는 명상은 마치 바닷속 깊은 어딘가에 있는지도 모르는 진주를 찾아가는 것과 같은 어려움이 있다.

설령 바닷속에 뛰어들어도 어느 것이 진주인지 알기가 어렵다.

삶의 진실은 무엇일까.
삶의 비밀은 어떻게 풀 수 있을까?

삶의 비밀을 풀 수 있는 열쇠가 바로 '마음'이다.
그것도 그냥 마음이 아니라 깊은 마음이다.
깊은 마음에 지혜가 담겨 있다.
내가 이 세상에 온 목적과 이유를
깊은 마음을 통해 알 수 있다.
마음은 오래 전부터 그것을 알려 주려고 했다.
깊은 마음은 우주와 공명하기에
우주와 이어져 있으므로
뭇 생명과 이어져 있으므로
말없는 말로 얘기해 주고 있다.
들리지 않는 것 같지만 언제나 낮은 속삭임으로······.

진정한 나를 찾고 삶의 비밀을 풀기 위해 명상은 다양한 형태로 변화, 발전해 왔다. 인간이 본래 지닌 나라는 존재에 대한 궁금증을 명상을 통해 찾아갔다. 다만 본성을 찾아가는 자체가 어렵고 힘들어서 깨닫는 이가 적었을 뿐이다.

본성이 움터 나오는
진화된 명상

　명상의 궁극적인 목적은 본성을 만나고, 본성과 하나가 되는 것이다. 내 속에 본래부터 존재한 진정한 나― 참나를 만나기 위함이다. 이름도 다양해서 영혼이니 본성이니 주인공이니 참나라고 표현하지만, 무엇으로 불리는가가 중요하지는 않다. 분명한 것은 내 속에 진정한 내가 존재하며, 이를 만나기 위해 인류는 오랜 세월 방편을 찾아 온 것이다.

내 속에 참 지혜로운 나
내 속에 참으로 밝은 나
내 속에 참 긍정적이며 미래지향적인 나
내가 절망에 빠질 때 격려하는 나
내가 욕망에 눈이 멀 때 진실을 찾아가라고 하는 나
분노가 솟구칠 때 찬찬히 생각해 보기를 권하는 나

누군가 미워질 때 그게 아니라고 충고해 주는 나
내 속에 참 아름다운 꿈을 간직하고 있는 나…….
내 삶의 주인공인 진정한 내가 내 속에 있음에.

진정한 '나'는 살아오며 훈습된 가치관과 관념을 넘어서는 존재다. 진정한 나는 부모로부터 태어나기 이전에도 존재하고 있었다. 영혼이라는 의미가 그런 것이다. 이 얘기는 개개인이 어떻게 받아들이는가에 따라 얼마든지 다르게 해석될 수 있겠다. 나는 다만 내가 체험한 만큼의 견해를 표현하고자 한다.

나도 예전에는 몸이 죽으면 영혼이 어떻게 되는가에 대해 부정적 견해를 갖고 있었다. 심지어 죽은 다음에 내가 어디로 가든 아무 상관이 없다고 생각했다. 뭐 죽어서 천당을 가든 지옥을 가든 무슨 상관인가. 아무렴 나와는 무관하다고 생각했다.
그런데 마음공부가 깊어지면서 변화가 일어났다. 내가 조금씩 진실에 눈을 뜨고 진실을 추구해 가면서 점차 인식이 변화하게 되었다. 그러면서 영혼에 대한 개념이 새로이 정립되었다. 이 부분은 내 주관적 경험이 녹아 있기에, 나와 비슷한 경험을 한 사람만이 내 의중을 이해하지 않을까 싶다.

죽음 이후의 세계가 어떻게 전개되든 중요한 것은 살아 있는 현실에서의 생활 태도이다. 내 속에 진정한 내가 있으며, 나보다 나를 더 잘 아는 지혜로운 주인공(본성)이 함께한다는 건 놀라운 일이다.

· 본성이 움터 나오는 진화된 명상 ·

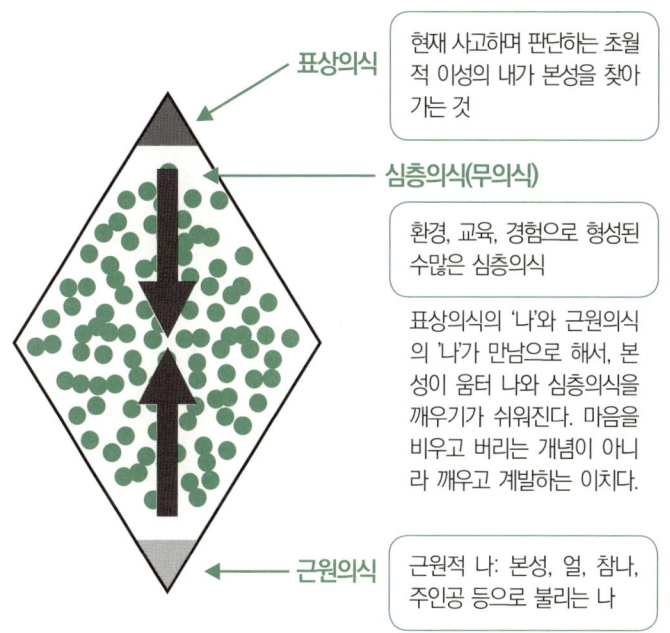

나는 본성이 움터 나오는 명상을 배웠다. 이는 정말 혁신적인 명상으로, 본성 혹은 주인공을 찾아 험난한 의식 세계를 헤쳐 나가는 개념이 아니다. 과거 수천 년 동안 본성을 찾아가느라 애쓰던 방식에서 벗어난 혁신적인 방법이 탄생된 것이다.

마치 조선 시대에 말 타고 다니던 것에서, 21세기에 우주선 타고 우주 여행을 하는 것만큼이나 획기적인 방법이라 할 수 있다. 실제로 요즘 인류에게 우주 여행은 꿈 같은 소리가 아니다.

명상의 진화도 그렇게 보자면 전혀 꿈 같은 소리가 아니다. 모든 문명이 발달하고 진화하는 것처럼 명상도 그만큼 진화해 왔다. 요즘에 자동차 타고 내비게이션 안내를 받다 보면 놀랍고 신기하다는 생각이 든다. 아니 어떻게 알고 500미터 앞에 터널이 나온다 하고, 과속에 주의하라 하고 그러는지. 조선 시대 할아버지가 자동차 타고 이런 안내를 받으면 놀랄 일이 아닐까? 늘 익숙해져 있는 나도 놀라운데……. 본성이 움터 나오는 명상도 그런 맥락에서 보면 수긍이 되리라. 그만큼 진화해 왔다는 의미다.

허나 혁신적인 명상법이라고 해서 무조건 자동으로 뛰어난 사람이 되는 건 아니다. 개중에는 비교적 빠른 시간에 높은 경지에 도달하는 사람이 있으나 대부분은 그렇지 않다.

본성이 움터 나오는 명상을 해도 기존에 형성된 무의식(심층의식)이 갖고 있는 관념을 깨우고 개선하는 과정이 필요하다. 또한 그와 연관돼 있는 습관이며 마인드 역시 적절한 노력을 해 줘야 발전이 가능하다.

그렇다면 본성(주인공)이 움터 나오면서 돕는 효과는 전혀 없을까? 그건 아니다. 참으로 놀라운 내면의 도움이 따라오게 된다. 본성이 갖고 있는 지혜와 초인적인 잠재력이 살아나기 때문이다. 이 부분은 경험한 사람들만이 느낄 수 있는 것이기에 말을 아끼게 된다.

내가 배운 명상은 그런 힘이 자연스럽게 살아나도록 도와주는 명상이다. 내면의 잠재력이 크게 살아나므로 초능력 같은 능력이 생기기도 한다. 타인의 마음을 읽는 것은 기본이고, 질병이 치유될 수 있는 자가 치유력이 크게 발휘된다.

사람은 누구나 태어날 때부터 놀라운 잠재력을 갖고 태어난다. 말 그대로 잠재돼 있는 능력이 있는데, 이 잠재력을 끄집어낼 수 있는 좋은 도구가 바로 명상이다. 명상은 깊은 내면을 살려 내면서, 그 사람이 지니고 있는 잠재력을 최대한 이끌어 내 주는 힘이 있다.

나는 나를 실험 대상처럼 보면서 연구했다. 내게서 일어나는 마음의 움직임을 통해 심리의 메커니즘을 알아낼 수 있었다. 나를 놓고 연구하면서 스스로를 잘 이해할 수 있었고, 그만큼 나에 대한 신뢰는 깊어졌다.

내가 나를 잘 모르면 신뢰할 수가 없고 여차하면 비하하게 된다. 내가 겨우 이 정도밖에 안 되나 하면서 책망하고 한심하게 여길 수도 있다. 하지만 내게서 일어나는 현상을 알고 이해하게 되면 많은 변화가 일어난다.

'나'를 탐구하고 다스리다 보면
일상이 밝아지고 즐거워지며
상황을 냉철하게 보는 혜안이 열리며
미래에 대한 불안이나 두려움이 없고
타인과의 관계에서 불편함이 별로 없고
늙음이나 죽음에 대한 막연한 걱정이 없으며
오히려 늙음이나 죽음이 흥미롭게 다가온다.
나날이 죽어 가는 삶이 아니라
나날이 지혜롭게 살아나는
즐거운 일상이 가능해진다.

명상을 하기 전의 삶과 그 후를 비교하면 마치 밤과 낮처럼 극명한 대비가 된다. 과거의 우울하고 냉소적인 삶에서, 밝고 긍정적인 삶으로 전환이 되었으니 인생 성공이 따로 없다. 또한 내가 배우고 터득한 노하우가 많은 사람들의 어려움을 해결하는 데 도움이 되고 있어서 참 기쁘고 보람이 있다.

마음도 물질도
풍요로운 삶

예전에는 수행이나 마음공부를 한다고 하면 대부분이 헐벗고 굶주림이 심했다. 역대에 깨달은 성인(聖人)들의 삶을 봐도 그랬다. 워낙 먹고사는 게 빠듯한 시절에 정신적 수양을 하려니 그럴 수밖에 없었다.

현대에도 그런 이미지가 강해서 사람들이 마음공부 한다고 하면, 돈도 멀리하고 명성도 갖지 말아야 한다고 여기는 경우가 있다.

아무래도 물질에 매이게 되면 정신적 추구가 취약해질 수는 있다. 그래서 부자가 천국에 가기 어렵다는 말이 있는 거다. 돈이 많고 사치스럽고 물질에 탐욕을 부리면 정신적인 것을 추구하기 어렵다. 그런데 먹고살기 빠듯한 상황에서 마음공부 하는 것도 무척 힘들다. 당장 끼닛거리가 없는데 명상이나 하고 앉아 있을 수 있을까? 그 역시 쉽게 선택하기 어려운 길이다.

하지만 이제 시대가 달라졌다. 요즘엔 서양에서도 유명 인사들이 명상을 하고 수행을 하려 한다. 그만큼 마음공부가 대중화되고 있으며 명상이 대중의 일상으로 파고드는 추세다.
명상이나 마음공부가 특별한 사람들의 전유물이 아니라, 누구나 일상에서 잘 활용하여 삶을 풍요롭게 만드는 요소가 된 것이다.

과거의 수행자들처럼 고행을 하거나 헐벗은 생활을 강조할 것도 아니다. 기왕이면 사회적 능력도 필요하고 물질도 적절히 쓸 수 있어야 바람직하다.
마음공부와 물질 혹은 돈이 반대의 관계가 아니다. 돈이 나쁜 것은 아니지 않은가? 돈을 쓰는 자의 마음가짐이 문제이지 돈 자체가 문제는 아니다. 돈을 잘 쓰는 것도 마음공부 중에 하나다. 그러니 돈을 잘 벌고 잘 쓰는 것도 중요하다. 마음공부하는 사람이 돈이 있어야 후배들도 가르칠 수 있는 여건을 만들게 된다. 내가 세상에서 혜택을 얻었으면 그 이상 베풀 수 있어야 한다. 그런 면에서 금전적으로 물질적으로 넉넉할 필요가 있다.

모든 것은 잘 '타고 쓰며 가는 것'이다. 돈이든 자동차든 집이든 내가 바람직하게 타고 쓴다면 문제될 게 없다. 세상의 흐름을 타고 가면서, 나에게 닿는 인연을 최대한 살려 주며 갈 수 있다면 참 좋다.

나는 마음공부하면서 스승과 선배들로부터 많은 도움을 받았다. 거기에는 정신적 도움도 크지만 물질적인 도움도 매우 크다. 따지고 보면 얼마나 많은 도움의 손길이 나에게 있었는지 이루 헤아릴 수가 없다. 그러니 나 역시 내가 받은 만큼 돌려줄 수 있어야 한다.
 그게 우주의 법칙이요 순리다. 이 우주는 철저하게 내가 행한 대로 그 결과를 안겨 준다. 내가 선행을 하면 선행의 결과가 다가오고, 악행을 하면 또 그만큼의 결과가 오게 돼 있다.

어떤 사람들은 다시 태어나기 싫어서 마음공부한다고 얘기한다. 마음공부를 해서 깨닫게 되면 해탈하니 이 세상에 다시 오지 않을 거라는 뜻이다.
 반 농담처럼 얘기하지만 곰곰이 따져보면 수긍 가는 면이 있다. 왜냐하면 아무리 좋은 환경에 태어나도 결국 지겨운 학교 공부를 해야 하고, 아이 낳으려면 죽을힘을 다해야 하고, 마음에 안 맞는 배우자나 자식 때문에 속 끓인다 생각하면

아, 정말 다시 이 세상에 오기 싫을 수 있다.

 반면에 '개똥밭에 굴러도 이승이 좋다'는 속담이 있다. 아무리 인생이 고달파도 살아 있는 이 세상이 저승보다 좋다는 얘기다. 그것은 한편으로 죽음에 대한 막연한 공포와 두려움 때문이기도 하리라.
 확실히 이 세상은 생동감이 있다. 언제나 소란스럽고, 계절이 빠르게 변화하고, 온갖 생명들이 탄생해서 자라나는 곳이다. 더구나 화려한 세상 속에는 즐길 거리가 많고 맛있는 게 얼마나 많은가! 그러니 미지의 저 세상을 기꺼이 맞이할 사람이 몇이나 되겠는가.

 하지만 이 세상에 영원한 것은 없다. 영원히 변치 않는 삶이 존재하지 않는다. 우리는 그것을 알고 있다. 이제 우리는 선택을 해야 한다. '어떻게 살 것인가'라는 문제에 대해 스스로 방향성을 설정해야 하는 시점이다.
 세상에서 훈습된 관념과 교육 속에서 타성대로 사는 길이 있고, 새로운 차원의 방향으로 시도해 가는 삶이 있다. 선택은 각자의 몫이다. 우리는 누구나 자신의 삶을 선택하며 앞으로 나아가게 돼 있다.

운명은 받아들이는 게 아니라 스스로 창조하는 거라고 현자들은 얘기한다. 나에게 닥친 운명을 어쩔 수 없다 하며 끌려가는 게 아니라, 그것을 뛰어넘는 시도와 도전을 하는 것이다. 누구나 그렇다. 아무리 어쩔 수 없는 상황이라 하더라도 결국 우리는 스스로 선택하고 창조해 가게 된다. 설령 부모가 원하는 대학에 들어가고 부모가 원하는 직업을 가졌다 해도, 최종 선택은 내 몫이 되는 것이다. 그만큼 우리 모두의 삶이 절대적으로 고유하다는 의미다.

죽음조차
초월하고 싶은

 젊어서는 죽음이 낯설게 느껴졌다. 죽는 게 두렵지는 않은데, 끝없이 광활한 저승 세계를 마냥 돌아다닐 거 같아서 달갑지 않았다. 내가 아는 사람도 없을 테고 마치 한국에 살다가 머나먼 아프리카나 호주 어느 외진 마을에 이민 간 것처럼, 어쩌면 죽어서도 한없이 넓고 끝없는 저승 세계에서 무언가 해야 하지 않을까 싶었다.

 외로워서, 외로움이 낯선 만큼 저승에서도 그럴 거라고 생각했을까? 그나마 이승은 시끄럽고 냄새도 있고 맛도 느끼지만, 저승은 그저 고요하고 어떤 맛도 없을 게 아닌가. 우리가 육체로 느끼는 모든 것이 배제된 상태일 텐데, 그 밍밍하면서도 쓸쓸한 여정이 언제까지 지속될지 알 수도 없고……. 그래서 어쩌면 죽음을 외면하고 싶지 않았을까. 설령 낙원에 갈지라도 그렇다. 아름다운 풍경과 맛있는 음식? 이건 불가능하다. 혀가 없는데 맛을 느낄 수 없을 것이고, 코가 없으니 냄새도 모를 테고. 꿈속에서처럼 어떤 느낌이야 있겠지만 아무튼 좀 그렇다.

아무리 상상해도 짐작이 안 가는데…… 설령 천국이거나 지옥이거나 어쨌든 나 혼자 헤쳐 나가야 할 어떤 임무 같은 게 있겠지. 내가 사랑했던 사람을 만날 수도 없는 거다. 왜냐하면 이승에서의 인연이 저승까지 이어지기는 불가능하기 때문이다. 각자가 이승에서 해 온 결과에 따라 배정이 될 텐데, 사랑하는 사람 전화번호가 있는 것도 아니고 주소가 있는 것도 아니니, 다시 만날 가능성이라고는 눈곱만큼도 없어 보인다. TV 드라마에서나 이승과 저승을 오가며 변치 않는 사랑을 해 가지만 그건 그저 허구일 뿐이다.

어쨌거나 나는 언젠가 죽을 것이고, 내가 겪어 보지 못한 어떤 세상에서 또 어떤 형태로든 새로운 경험을 할 것이다.
그런데 죽음을 자꾸 생각할 이유는 없겠다. 내가 아무 생각 없이 태어나 이렇게 나만의 삶을 만들어 온 것처럼, 저승에서도 역시 나는 노력하며 또 다른 모습을 만들어 가지 않겠는가.

결론은 이렇다. 매 순간 주어진 상황에서 최선을 다하는 것.

그리고 중요한 것은 이승에서의 성적표(?)를 가지고 저승으로 가는 것이니 좀 더 나은 성적표를 갖고 가는 게 유리하겠다는 것이다.

  나는 좀 더 지혜롭고 주체적이어야 한다는 생각이 든다. 나는 내 앞에 무엇이 닥치든 헤쳐 나갈 것이다. 나에겐 그런 힘이 존재한다. 그리고 보다 분명한 건 삶이 더 가치 있고 아름다울 수 있는 방향에 대한 감각이 있다.
  그러므로 죽음에 대해 더 이상 관심 가질 건 아니다. 그보다는 오늘 나에게 닥치는 상황 속에서 어떻게 살아 낼 것인가가 주요한 과제가 된다. 그리고 위대한 성현들은 그것에 대해 많은 조언을 남기지 않았던가. 어떻게 사는 것이 아름답고 위대한 것인지 얘기하지 않았던가. 그것은 한편으로 깊은 마음에 달려 있으며, 그 마음의 지혜와 현명함을 알아차려야 하는 것이기도 하다.

  나는 나를 믿는다. 내가 살아온 만큼 얻은 지혜와 통찰의 힘이 있으므로 어느 정도 감 잡고 갈 수 있겠다. 어쨌거나 살아 있음이 흥미로운 거다. 이승이거나 저승이거나 흥미롭게 가야 되겠구나 생각이 든다.

에필로그

앞으로 100년 후에 나의 모든 것은 잊힐 것이다.

우리들 모두의 역사— 삶의 발자취와 그것에 배어 있는 욕망들, 사랑, 미움, 그리움이 허공에 흩어지리라.

그리고 세월은 흐르고 흘러 천년만년 흘러갈 것이다. 시간은 끝이 없다. 이 우주가 사라져도 시간은 여전히 홀로 흐르고 있으리라.

그 영원의 시간 속에서 오늘 이 순간 숨쉬고 있는 나를 본다. 때로 사소한 일에 흥분하고, 타인 때문에 쩔쩔매고, 지갑에서 돈이 빠져나갈까 봐 불안해하는 나를 본다.

내 속에 어린 의식들, 관념들, 생각들이 만들어 내는 것들에서 나는 좀 더 자유로운 내가 되고자 노력하고 있다. 내 속에 있는 그것들은 영원성을 모른 채, 오직 오늘의 감정과 이익과 욕망에 허덕인다. 그것들은 참된 내가 아니다.

참된 '나'는 영원성을 이해하는 나의 본성, 영혼이라 불리는 것이다. 영원성의 나— 탄생 이전에도 존재했으며 죽음 이후에도 존재하는 나. 그래서 어쩌면 삶이나 죽음이나 연연하지 않는, 영원성의 하늘을 닮은 그 나는 오늘도 삶의 진실을 배우며 살아가고 있다.

살아 있거나 죽어 있거나 상관없이
기쁘거나 슬프지도 않은 채
그저 영원성의 흐름을 타고 가는,
누구도 알 수 없는 어떤 세계로의 차원 진화를
어쩌면 꿈꾸고 있는지 모른다.
나는 그런 것을 느끼며 이해하고 있다.

그러나 또 한편 영원하지 않으면 어떠랴.
모든 것이 변하고 사라지는 것이 어떠랴.
그래도 상관없지 않은가?
무엇을 영원히 붙잡고 싶은가?
사랑을? 명성을? 부와 풍요를?
언제까지?
무엇을 그리도 영원히 소유하고 싶은가?

내가 가슴 조이며 연연하는 모든 것의 실체를 깨달아야 하리라. 그것이 그저 꿈같고 아침에 잠깐 맺히는 이슬 같다는 것을. 그것을 깨달을 때 자유롭다. 온전히. 그러나 또 한편 꿀벌 한 마리조차 소중하다는 것을 잊지 말아야 하리라. 꿀벌 하나의 삶조차 소중하다는 것을. 우리 모두의 삶이 소중하다는 것을! 이 순간에 깨어 있음으로…… 존재함을. 삶이 경이로움을 깨달아야 하리라.

SIM마음경영연구소 프로그램 안내

　명상 프로그램 : 스트레스 해소와 마음 다스리기에 구체적으로 접근하며, 본성이 움터 나오는 고급의 명상까지 배울 수 있습니다.

　자가치유력 증진 프로그램 : 각종 질병으로 고통받는 분들을 위한 프로그램으로 내면의 치유력을 극대화하게 됩니다.

　상담 프로그램 : 만성 스트레스, 우울, 불안, 불면, 상기증, 공황 장애, 부부 클리닉, 각종 중독 상담.

　지도자 과정 : 지도자 과정은 대중들의 건강한 삶을 도와주는 능력을 갖추는 것으로, 삶의 보람과 가치가 뒤따라옵니다.

〈SIM마음경영연구소〉는 인간의 의식과 정신을 연구하며, 건강하고 행복한 삶을 위한 다양한 프로그램을 제공하고자 합니다. 누구라도 자신의 한계를 극복하고 잠재력을 키워 성공적인 삶을 이룰 수 있습니다.

홈페이지　SIM명상센터 / SIM심리상담센터
블로그　　SIM마음경영연구소
　　　　　* SIM은 Success Innovation Management의 약자로 '성공적이고 혁신적인 마음경영'을 의미함.

상담 문의　카톡 simmind0
　　　　　이메일 simmind0@naver.com